Oct 17/2024.

Levenslessen van 100-jarigen

Thankyou for doing the interview with Marjon.

M. van Heemskerk

Marjon Bolwijn

Levenslessen van 100-jarigen

Spectrum

Uitgeverij Unieboek | Het Spectrum bv

Spectrum maakt deel uit van Uitgeverij Unieboek | Het Spectrum bv,
Amstelplein 32
1096 BC Amsterdam

Eerste druk 2022

Omslagontwerp: Bij Barbara
Auteursfoto: Anne van Gelder
Foto's omslag en binnenwerk: Aurélie Geurts
Foto Pierre Zeevaarder: Harry Cock
Foto Johannes van der Harst: Linelle Deunk | Lumen Photo
Opmaak: Elgraphic

ISBN 978 90 00 38519 5
ISBN 978 90 00 38521 8 (e-book)
NUR 740

www.spectrumboeken.nl

Inhoud

Voorwoord

Deze bundeling van interviews met 100-jarigen die het afgelopen jaar in *de Volkskrant* verschenen, vindt haar oorsprong in het portret dat ik in 2018 maakte van een bijzondere Amsterdammer: Wim van Vollenhoven, een destijds 97-jarige pianist die vijf dagen per week op de fiets de stad doorkruiste om op te treden in verzorgingshuizen en wijkcentra, met als doel 'de mensen een plezierig moment' bezorgen.

Voor mijn reportage fietste ik een dagje met hem mee, en ik moest mijn best doen hem bij te houden. In hoog tempo, hier en daar bochten afsnijdend over de stoep, reed hij naar het verpleeghuis waar hij elke dinsdag pianospeelde voor de bewoners – overigens, zoals al snel zou blijken, niet alleen om anderen te plezieren, maar ook om zichzelf wat afleiding te bieden en bepaalde kwellende gedachten de kop in te drukken. Welke gedachten dat waren, hield hij liever voor zichzelf.

Nadat de reportage in de krant was verschenen hielden we contact. En zo belandde drie jaar later een uitnodiging voor zijn 100ste verjaardag in mijn mailbox. Het opgegeven adres bleek een partycentrum waar een grote zaal was afgehuurd, gevuld met een 65-koppig gezelschap dat hem toezong, toesprak en met warmte en vrolijkheid omringde.

Er renden kleuters rond, er waren familieleden, vrienden, oud-collega's, kennissen van tal van clubjes waarin Wim van

Vollenhoven actief bleek te zijn. Ook aanwezig: een paar leden van lotgenotencontacten van Stichting 1940-1945. Zijn dochter memoreerde in een toespraak kort de 'zwarte bladzijde' in het lange leven van haar vader. Daarop zullen de gedachten te lezen zijn die hij liever voor zichzelf houdt en probeert te overstemmen met zijn pianospel.

Het is uitzonderlijk zo oud te worden en het is indrukwekkend te zien hoe vitaal en actief iemand op die leeftijd nog kan zijn. Nederland telt momenteel zo'n 2600 honderdplussers. Het zijn mensen die, zoals vrijwel alle hoogbejaarden, een leven in de luwte leiden, zonder Facebook- of Instagram-account, maar een vat vol boeiende verhalen zijn. Over de veranderende tijd en hoe zij zich daarin bewogen hebben.

De kennismaking met Wim van Vollenhoven maakte mij nieuwsgierig naar het geheim van zijn vitaliteit, maar meer nog wilde ik weten hoe zijn levenservaringen hem hebben gevormd, hoe hij tegenslagen heeft overwonnen en hoe hij alle veranderingen beziet waarvan hij de afgelopen eeuw getuige is geweest. Een eeuw die voor hem begon met paard en wagen in de straten en een zeppelin in de lucht. En die honderd jaar later vergeven is van auto's en vliegtuigen en die een (althans in ons deel van de wereld) ongekende welvaart en luxe kent. Zo werd in het partycentrum het zaadje voor een reeks verhalen geplant, dat al spoedig zou ontkiemen.

Een paar maanden later bestond *de Volkskrant* een eeuw en mocht ik een 100-jarige interviewen die op precies dezelfde dag het levenslicht zag – 1 oktober 1921 – als waarop de eerste *Volkskrant* verscheen. Dat was Jan van der Zouwen uit Son. Opnieuw was ik verrast door de kennismaking met een kwieke, haarscherpe eeuweling. Een oud-stuurman die de wereldzeeën heeft bevaren, het nieuws op de voet volgt en nog altijd samen is met zijn vrouw.

Eén plus één is twee: een serie levensverhalen was geboren. En er was een aanleiding, noodzakelijk voor een journalistiek verhaal: het jubileum van de krant.

Na Jan volgden Piet, Puck, Aad, Gerda, Johannes, Elly, Pierre, Ria, Roel, Hendrika, Louk, Manci en tientallen andere leeftijdgenoten van Wim van Vollenhoven, allen liefdevol gefotografeerd door Aurélie Geurts. In de interviews kwam een eeuw Nederlandse geschiedenis voorbij, bezien en beleefd vanuit het perspectief van één individu. Allemaal maakten ze de grote economische crisis van de jaren dertig en de Tweede Wereldoorlog mee. De meesten groeiden op in armoede en moesten op hun 12de of 14de al aan het werk, soms zelfs nog jonger, om bij te dragen aan de karig gevulde huishoudpot. De meisjes in de huishouding, de jongens vaak als boerenknecht.

'Het was nu eenmaal zo,' zeggen ze over die tijd. Klagen doen de 100-jarigen sowieso niet. Acceptatie en relativering is hun tweede natuur. Zelfs bij Manci Csontos, die op haar 17de door haar moeder werd uitgehuwelijkt aan een veel oudere, ontevreden klant van de stomerij. Op de vraag aan de eeuwelingen of ze een jongens- of meisjesdroom hadden, volgde steevast een verbaasde blik. Typisch een vraag uit een ander tijdperk van keuzevrijheid en ongekende mogelijkheden. Zelfs dromen kan een voorrecht zijn.

Meisjes kregen zelden de kans door te leren. En als ze al een opleiding mochten volgen en een betaalde baan vonden, dan was het afgelopen zodra ze trouwden. Een enkele 100-jarige vrouw in dit boek heeft wel tot haar pensioen gewerkt; het zijn vrouwen die alleen zijn gebleven, samen met hun man een eigen bedrijf runden, of koelbloedig wetten en praktische bezwaren negeerden en hun eigen plan trokken, zoals onderwijzeres Yvonne Koster. Haar kinderen droeg ze op hun papa niet te vertellen dat mama werkte.

Eindeloos is de reeks veranderingen die ze meemaakten, van de komst van de wasmachine, televisie en computer tot de 40-urige werkweek en sociale voorzieningen als de Algemene Ouderdomswet, die een einde maakte aan de armoede onder ouderen die niet meer konden werken. En niet te vergeten: de afschaffing van de Wet handelingsonbekwaamheid, waarna getrouwde vrouwen mochten werken en een eigen bankrekening konden openen.

In de levensverhalen van de 100-jarigen zie ik maar één duidelijke parallel met het heden: de woningnood. Menig eeuweling moest, zoals talrijke twintigers nu, een zelfstandig bestaan uitstellen door de oorlog en het gebrek aan woningen daarna. Veel geïnterviewden konden pas rond hun dertigste op eigen benen staan. Totdat ze woonruimte hadden gevonden, woonden ze, vaak al getrouwd, nog thuis bij hun ouders. Eén woningzoekende uit die tijd, een gepensioneerde wijkagent, woont nog steeds in de noodwoning die hem zeventig jaar geleden werd aangeboden.

Vaak viel ik van de ene verbazing in de andere tijdens mijn audiënties bij 100-jarigen. Een van hen bood aan het einde van het gesprek aan mij naar het station te brengen. 'Dan haal ik alvast de auto uit de garage.' Onderweg week hij behendig uit voor een plots opduikende wegpiraat. Of er stond een hometrainer in de bijkeuken, niet voor de show, maar om er de conditie mee op peil te houden. Een ander bleek al tachtig jaar lang dagelijks een gedicht te schrijven. Bij het afscheid declameerde hij een pareltje uit zijn oeuvre. Er zijn ook eeuwelingen die nog maar weinig bewegingsruimte hebben door slechtziendheid of afhankelijkheid van de rolstoel. Maar ook zij zijn nog scherp van geest en tevreden met wat het leven ook nu nog te bieden heeft.

Wim van Vollenhoven, inmiddels 101 jaar, speelt nog steeds wekelijks piano in het verpleeghuis. Hij neemt nu wel een taxi, want het verkeer is hem te link geworden met al die elektrische fietsen. Over die jaren waaraan hij liever niet herinnerd wil worden, doet hij in het interview in deze bundel een boekje open. Hij vertelt hoe hij de zwarte bladzijde in zijn leven doorkwam: 'Ik heb mij aangepast aan de situatie, zonder ingewikkelde denkpatronen. Ik had geen andere keuze dan meedraaien in het moment.'

Augustus 2022, Marjon Bolwijn

PS: Hoe je vitaal 100 jaar wordt, ga ik nog niet verklappen. Dat mogen de 100-jarigen zelf doen.

‘Op mijn 17de moest ik trouwen met een ontevreden klant van de stomerij’

Manci Csontos

GEBOREN: 21 december 1921 in Györ, Hongarije

Manci Csontos is een charmante en vrolijke verschijning. Ze doft zich graag op en heeft een open, warme blik, haar gezichtsplooien staan non-stop in de lachstand. Twee maanden geleden woonde ze nog zelfstandig. Haar 76-jarige dochter heeft alle huisraad ingepakt en verhuisd naar een tweekamerappartement in een zorgcentrum in Dordrecht. In de tuin van haar grote, nieuwe onderkomen kijkt ze wat onwennig om zich heen. Al die onbekende mensen die ze nog moet leren kennen. Wie zou die huisgenoot van 103 jaar zijn, die elke dag de post schijnt rond te brengen? Daar is ze wel nieuwsgierig naar. Wennen is het ook aan de tamtam. Al spoedig na haar entree zong rond welke bijzondere dagelijkse gewoonte de nieuwe bewoonster erop nahoudt, een gebruik waar ze ruim vijftig jaar geleden mee begon in de hoop 100 jaar te worden, en dat is dus gelukt.

Wat is het beste besluit dat u ooit heeft genomen?

‘Mijn geboorteland Hongarije ontvluchten. Ik leef al 65 jaar in Nederland en voel mij hier thuis. Ik hoef niet meer weg. Sowieso hoef ik niet meer op reis. Als iemand tegen mij zegt: “Ik weet een heel mooi kasteel, ga je mee?" dan zeg ik nee. Ik heb genoeg gezien en blijf graag thuis.'

Wat was de directe aanleiding voor u om Hongarije te ontvluchten?

'Ik was directiesecretaresse op een staalfabriek in mijn geboortestad Györ, in Hongarije. Het was eind oktober 1956, de maand dat de bevolking in opstand kwam tegen het stalinistische bewind, toen de directeur van de fabriek mij de opdracht gaf mijn collega's te bespioneren. Ik moest doorgeven wat zij zeiden over de regering. Dat weigerde ik. Daarop werd ik ontslagen. Thuis zei ik tegen mijn man: "Het is afgelopen, we vertrekken." Half Hongarije vluchtte in die tijd het land uit. We zijn halsoverkop vertrokken. Ik nam niet veel mee, een paar jurken.'

'Mijn dochter Ildi van 10 jaar moest hard huilen, ze wilde niet mee, maar bij haar grootouders blijven, die voor haar zorgden als we aan het werk waren. Ik zei dat ze bij oma kon blijven totdat wij een veilige plek hadden gevonden, dan zou ze ons later kunnen volgen. Maar mijn moeder zei streng: "Jullie zijn met zijn drieën, dan moet je met zijn drieën vluchten."'

Hoe verliep de vlucht uit Hongarije?

'We zijn in de avond vertrokken, toen het donker was, zodat we niet opvielen. Mijn zus en haar man en een schoonzus met twee kinderen gingen ook mee. We liepen naar het station en namen de trein richting Oostenrijk. Op tien kilometer van de grens stond een gids die we hadden kunnen regelen ons op te wachten. Tegen betaling wees hij de weg de grens over. Al lopend vroegen we ons af: zijn we al in Oostenrijk of niet? Waar zie je dat aan? Toen we felle koplampen op ons zagen afkomen, schrokken we en verstopten ons onder hooibalen op het land. Zodra het licht was en er vrachtwagens van hulporganisaties aankwamen om vluchtelingen te zoeken, kwamen allemaal hooibalen in beweging, en zo kwamen nog meer gevluchte Hongaren tevoorschijn.'

Hoe was de vluchtelingenopvang in die tijd?

'Goed. De vrachtwagens brachten ons naar Wenen, waar we werden ondergebracht in een kazerne. We sliepen op veldbedjes. Er kwam personeel langs van ambassades van landen die Hongaarse vluchtelingen wilden opnemen. De Nederlandse ambassade wilde ons wel hebben en zo zijn we een week later met de trein naar Utrecht gereisd. Daar sliepen we weer op veldbedjes, in de Jaarbeurs. Daarna werden we ondergebracht in huisjes op een vakantiepark in Ommen. Op het park werd voor alle vluchtelingen gekookt, maar na een week namen de Hongaarse vrouwen het over.'

Hoe bouwde u een nieuw leven op in Nederland?

'Hulpverleners vroegen mijn man wat voor werk hij in Hongarije deed. "Piloot," antwoordde hij, waarop ze zeiden: dan kunnen jullie naar Dordrecht, daar is een vliegtuigfabriek van Fokker, maar daar bleek later niets van terecht te komen. In januari, drie maanden na onze vlucht uit Hongarije, kwamen we aan in Dordrecht. De eerste paar weken konden we terecht bij een gastgezin met een groot huis, de familie Wijers, van de likeurstokerij. Mijn zus en haar man kregen onderdak bij de burgemeester en mijn schoonzus bij de eigenaar van herenconfectiezaak Crone.'

'Na een paar weken in het gastgezin kregen we een appartement toegewezen en geld om de eerste week boodschappen van te doen. Na die zeven dagen moesten we op eigen benen staan. Het lukte gelukkig meteen aan het werk te gaan. Ik kon aan de slag bij Crone, herenkleding maken, mijn man bij een garagebedrijf, als automonteur. Twee keer per week hadden we Nederlandse les. Mijn dochter kreeg het zo snel onder de knie, dat ze al na drie maanden onze tolk werd.'

Waar moest u in het begin aan wennen in Nederland?

'Dat groentewinkels geen paprika's en knoflook verkochten. Goulash zonder paprika en knoflook is niet lekker. Ik ging alle winkels in Dordrecht af, uiteindelijk vond ik een groentezaak die ze wel verkocht. Ik vertelde Hongaarse vrienden over mijn vondst, en dezelfde dag waren al zijn paprika's en knoflookstrengen uitverkocht. Maanzaad om maanzaadkoekjes mee te bakken, vond ik in de dierenwinkel. In het begin sprak ik geen woord Nederlands, als ik bij de slager ham wilde kopen sloeg ik op mijn dijen. Dat begreep hij gelukkig, haha.'

Hoe kijkt u terug op uw jeugd?

'Het was een gelukkige tijd. Ik ben nog steeds gelukkig. Als kind was je vrij, je kon overal spelen. Er was geen gevaar op de weg zoals nu, met al het verkeer. We waren met zijn zessen, drie meisjes en een jongen. Mijn moeder werkte fulltime in een stomerij. Mijn vader was gewond geraakt in de Eerste Wereldoorlog en kon niet zoveel meer. Hij was huisman en kookte altijd. Achter ons huis hadden we een grote moestuin, die hield hij bij. Hij verbouwde paprika's, tomaten, wortels, sla, uien, fruit en in de winter aardappelen en allerlei soorten kool. Wat over was verkocht hij in een tent voor ons huis. Mijn ouders waren niet streng, wel lief.'

Heeft u wel eens heimwee naar Hongarije?

'Nee. Nooit. Ik heb het naar mijn zin in Nederland.'

Wie was uw grote liefde?

'Géza. Hij was piloot. In de zomer gaf hij les in zweefvliegen en parachutespringen. Hij kwam wel eens per ongeluk met zijn zweefvliegtuig in Oostenrijk terecht, dan kocht hij sigaretten en lekkers en keerde snel weer terug. In de winter was hij vrachtvervoerder met een transportvliegtuig.'

'Ik was erg jong toen ik trouwde, 17 jaar. Dat was niet met Géza, er was eerst een andere man, hij was 15 jaar ouder dan ik. Hij had zijn kostuum laten stomen in de stomerij waar mijn moeder werkte. Hij vond dat zijn pak was verpest en kwam verhaal halen en zei tegen mijn moeder: "Als ik je dochter mag trouwen, praten we er niet meer over." Mijn moeder stemde daarmee in.'

Was u niet woest op uw moeder?
'Haha, nee hoor, helemaal niet. Hij bouwde een houten huisje en daar gingen we wonen. Die man bleek een scharrelaar, werk dat hij hier en daar kon krijgen, pakte hij aan. Ik was 22 jaar toen mijn dochter Ildi werd geboren. Toen ze 4 jaar was, is hij plotseling overleden. Ik ben een tijdje in het chalet blijven wonen, mijn dochter was vaak bij mijn ouders als ik moest werken. Na vijf jaar ontmoette ik Géza en ben ik hertrouwd.'

Wat vindt u van het huidige Hongarije onder premier Viktor Orbán?
(Haar gezicht betrekt.) 'De een zegt: hij is goed, de ander zegt: hij is niet goed. Ik praat nooit over politiek en ook niet over Orbán.'

Hoe ziet uw gemiddelde dag eruit?
'Ik eet en ik drink. Ik heb in mijn leven nog nooit zoveel gegeten als hier in dit zorgcentrum. Alle maaltijden zijn lekker. Ik kan niet goed meer zien, 70 procent van mijn gezichtsvermogen ben ik kwijt. Lezen en kruiswoordpuzzels maken gaat niet meer. Ik heb de hele dag de televisie aan. Ook luister ik graag naar muziek, Nederlandstalige liedjes, van André Hazes bijvoorbeeld. André Rieu vind ik ook goed. En mijn dochter komt bijna elke dag langs.'

Zou u in deze tijd jong willen zijn?
'Eigenlijk wel ja. Ik zou wel weer 20, 22 jaar willen zijn, dat is de mooiste tijd van je leven. Dan zou ik weer een leuke jongeman

ontmoeten, en als het goed zit met hem trouwen. Daar heb ik wel zin in.'
Manci Csontos praat in haar moedertaal verder, een teken dat de vermoeidheid begint toe te slaan, weet haar dochter, die meeluistert. Nog één laatste vraag dan.

Wat is uw geheim, dat u zo oud heeft kunnen worden?
'Ik voel mij helemaal niet oud. Ik heb nergens pijn. Dat ik niet zo jong meer ben, zie je alleen aan mijn rollator. Lange tijd geleden, ik woonde een paar jaar in Nederland, zag ik op de televisie een Russische man van 110 jaar. Hij vertelde dat hij zo oud was geworden doordat hij elke dag wodka dronk. Sinds die dag drink ik twee glaasjes wodka per dag, Smirnoff. Eén in de middag, bij de thee, en eentje 's avonds voor het slapengaan. Het heeft gewerkt, en ik slaap er heerlijk op.'

‘Als ik mijn ratio had gebruikt, had ik bepaalde dingen niet gedaan’

Fred Hisschemöller

GEBOREN: 5 juni 1922 in Rotterdam

Fred Hisschemöller debuteerde op zijn 99ste met zijn autobiografie *Dat deed je gewoon*. Aangespoord door zijn hulp Janneke, die tussen het poetsen en koken door aan zijn lippen hing, besloot de historicus en geograaf zijn levensverhaal op te schrijven. Zo is hij op hoge leeftijd toch nog de schrijver geworden die hij al jong wilde zijn. Hisschemöller vertelt nog even erudiet en levendig als de docent die hij ooit voor de klas moet zijn geweest. In het gesprek passeren Shakespeare, Freud, Van Gogh, Kant en ook Poetin de revue.

Bijzonder dat u nog uw autobiografie heeft kunnen schrijven met zo’n schat aan herinneringen.

‘Een geriater heeft onlangs mijn geheugen getest. Mijn hersenen waren gekrompen, wat normaal schijnt te zijn op deze leeftijd. Het kortetermijngeheugen bleek niet veel meer, maar het langetermijngeheugen is goed. Daar ben ik blij mee als dubbele doctorandus, ik heb geschiedenis én aardrijkskunde gestudeerd, en geef nog bijles aan het nichtje van mijn hulp Janneke en drie van haar klasgenoten.’

‘Dat ik nog zo helder van geest ben, komt denk ik doordat ik altijd geheelonthouder ben geweest. Mijn vrouw Jannie stelde één voorwaarde aan onze relatie: dat die alcoholvrij zou zijn. Ze had als kind gezien hoe haar oma leed onder het drankgebruik van haar opa. Haar wens was geen opoffering voor mij, want in mijn opvoeding en de jeugdbeweging waar ik lid van was, was geheelonthouding de norm.'

'Ik heb nooit middelen willen gebruiken om het leven leuk te maken. Als ik het naar mijn zin heb, wil ik dat helemaal zelf gedaan hebben. Ik vermoed dat je een 100-jarige geheelonthouder met een lantaarntje zal moeten zoeken.'

U had tijdens het schrijven soms slapeloze nachten van 'plekken in uw geheugen' waar u liever niet kwam.

'Je maakt in je leven keuzes door bepaalde gebeurtenissen weg te schuiven. Voor dit boek moest ik die weer in de ogen kijken.'

Aangrijpend is de passage over uw liefdesbetuiging aan Jannie.

'Het was september 1945 toen ze mij tijdens een wandeling door Gouda vertelde een einde aan haar leven te willen maken. In de oorlog, toen ze als koerierster in het verzet zat, was ze iemand. Inmiddels was ze 25 jaar, had geen opleiding, geen werk, geen man, geen huis, niets. Ze had een plan: ze zou naar Scheveningen gaan en daar in het donker de zee in lopen. Omdat ze niet kon zwemmen, zou ze verdrinken. Ik omhelsde Jannie, gaf haar een kus en vroeg of we een leven samen zouden proberen. Die vraag had ze niet verwacht. We liepen zwijgend verder en bij het afscheid vroeg ze om een week bedenktijd.'

Werd u gedreven door liefde of uw reddersinstinct?

'We waren bevriend. In die paar seconden besefte ik dat ik gevoelens voor haar had. En ook dat ik er niet mee zou kunnen leven als zij een einde aan haar leven maakte, ik daarvan had geweten en haar had laten gaan. Daar zou ik de rest van mijn leven last van hebben. Er was dus ook sprake van eigenbelang. Na die week bedenktijd stemde Jannie in met een relatie. Ze bleek al verliefd op mij te zijn, maar nooit te hebben gedacht dat het iets zou kunnen worden omdat we uit heel verschillende milieus kwamen. Ik studeerde aan de universiteit, zij was ongeschoold. Voor mij maakte het niks uit. Ik ben opgevoed, thuis en bij de jeugdbeweging, met gelijkwaardigheid, ook tussen man en vrouw.'

Er zijn meer momenten in uw leven geweest dat u in een split second een ingrijpend besluit nam.

'Als ik mijn ratio had gebruikt, had ik bepaalde dingen niet gedaan. Freud had gelijk met zijn onderbewustzijn, als de nood aan de man is, vertelt die wat je moet doen. Zo ging ik in 1943 zonder nadenken in op het verzoek van het Utrechts Kindercomité, om Joodse kinderen aan een onderduikadres te helpen. Het was gevaarlijk werk, maar je deed het. Eén meisje dat ik bij een gezin had ondergebracht, werd later verraden, afgevoerd en omgebracht. Ik voel nog steeds haar warme handje in de holte van mijn rechterhand, toen ze vol vertrouwen met mij meeliep naar het onderduikgezin. Er zijn ook momenten geweest waarin ik niets besloot, maar het gewoon dééd. Toen ik een jaar later werd opgepakt en met andere mannen in een trein werd afgevoerd, liepen in de wagon mijn benen naar een deur, klikte ik die open en sprong ik uit de trein. Ik ben atheïst, maar het was alsof ik werd gestuurd.'

U bent duidelijk een man van de daadkracht, zo bleek ook toen u leraar was in Suriname.

'In de jaren zeventig, nog voor de onafhankelijkheid van Suriname, heb ik drie jaar aardrijkskunde gegeven op een middelbare school in Paramaribo. Ik wist niet wat ik zag: de leerlingen moesten leren dat de Rijn bij Lobith Nederland binnenstroomt. In hun lesstof stond helemaal niets over hun eigen land. Met vier andere docenten ben ik in de weekends nieuw lesmateriaal gaan schrijven. Ik heb als docent altijd, ook op scholen in Nederland, een grote autonomie willen hebben over hoe ik lesgeef. Daarom verzette ik mij toen de lesstof steeds meer van bovenaf werd opgelegd.'

Wat voor leraar was u?

'Ik zag het als mijn taak jongeren klaar te maken voor hun volwassen leven. Ik liet hen kijken naar de wereld van nu, die te analyseren en begrijpen. Elke geschiedenisles begon ik zo: "Wie heeft er wat te vragen? Heb je de ochtendkrant gelezen, en wat viel je op?" Vanuit de actualiteit legde ik verbanden met het verleden, zodat de leerlingen duidelijk werd hoe we zijn terechtgekomen in de situatie zoals die nu is. Ik koos voor deze benadering nadat een leerling mij had gevraagd waarom ze over hunebedden moest leren. "Dat heeft toch totaal geen zin?" zei ze. Ik begreep die vraag en besloot niet meer te beginnen met de prehistorie, maar met het heden.'

Wat zou u een klas nu vertellen over de oorlog in Oekraïne?

'Ik zou eerst vertellen dat Rusland geen ervaring heeft met democratisch denken en handelen. Dat het land slechts een halfjaar, van februari 1917 tot september 1917, een democratie is geweest. Poetin begrijpt niets van democratie en dus ook niet van de wens van Oekraïne democratisch te zijn. Hij beroept zich op zijn eigen interpretatie van de geschiedenis en vindt dat Oekraïne bij Rusland hoort. Om te voorkomen dat het land afdrijft naar het Westen, wat hij ondraaglijk vindt, grijpt hij in. Dan zou ik vertellen over de meisjes van Pussy Riot, die vrijheid van meningsuiting willen, en de 16de eeuw erbij halen, waarin Nederland onderdeel was van het Duitse Rijk en als zeevarende natie in aanraking kwam met andere culturen, ruimdenkender werd en zich wilde losmaken van de overheersers. Net zoals de Oekraïners nu, wilde Nederland een andere weg inslaan dan zijn machtige buren.'

Wat zou u in uw leven achteraf anders hebben willen doen?
'Ik wist dat die vraag zou komen. Een van mijn drie zoons heeft na zijn vechtscheiding mijn vrouw en mij voor de keuze gesteld: of jullie blijven mij zien óf de kinderen. We kozen voor de kinderen. Sindsdien is er geen contact meer geweest met mijn zoon. Achteraf denk ik: we hadden hem moeten zeggen: we maken geen keuze.'

Wat is uw belangrijkste levensinzicht?
'Je krijgt het leven cadeau en dat geeft je een verantwoordelijkheid er iets behoorlijks van te maken. Die verantwoordelijkheid nam ik op het moment dat Jannie de zee in wilde lopen, en toen een beroep op mij werd gedaan Joodse kinderen aan een onderduikadres te helpen. Mijn huwelijk is niet altijd makkelijk geweest, maar we zijn altijd blijven praten, soms tot diep in de nacht, om elkaar te kunnen begrijpen. En we hebben elkaar gesteund.'
'Het leven gaat niet om gelukkig of succesvol zijn, maar om verbondenheid. Om verbondenheid te voelen met het grotere geheel, de natuur, en met elkaar als mens. Het heelal, waar wij onderdeel van zijn, hangt van verbinding aan elkaar. In deze tijd zie je dat die verbinding ervaren steeds moeilijker wordt gemaakt, doordat mensen verslaafd zijn gemaakt aan hun smartphone en worden afgeleid door alle verleidingen die hen worden voorgeschoteld. Er worden behoeften gekweekt die niets met het wezen van ons leven als mens te maken hebben.'
'Tegenwoordig voelen veel mensen zich eenzaam. Daar heb ik geen last van. Ik ben veel alleen, maar voel mij nooit eenzaam. Dat komt denk ik omdat ik verbinding voel met het grotere geheel, en een rijk innerlijk leven heb. Nu denk ik aan het schilderij

van Vincent van Gogh, van het terras in Parijs, ken je dat? Er zit helemaal niemand op de stoeltjes. In de verte zie je wat mensen lopen en daarna gaat je blik vanzelf omhoog, naar de sterrenhemel. Ik denk dat Van Gogh de kijker de kosmos waar wij deel van uitmaken, wilde laten zien.'

U bent een rasverteller en zo vitaal. Gaat u nog een boek schrijven?

'Ik heb een idee voor een tweede boek. Sinds ik op de hbs hoorde over "*Das Ding an sich*", een begrip van de filosoof Immanuel Kant, denk ik na over wat hij daarmee bedoelde. Ik snapte het nooit. Inmiddels ben ik erachter. Ik zou een boek willen schrijven over hoe verschillend het beeld is van de werkelijkheid tussen mensen onderling en hoe zich dat in religies, en in de geschiedenis, heeft geuit, en met welke consequenties. Je vindt dit interessant? Dan ga ik aan de slag.'

‘Ik was de enige in de klas met leren schoenen, de rest liep op klompen’

Mathilde Rijk

GEBOREN: 31 januari 1921 in Sint Jansteen

Bij binnenkomst zit Mathilde Rijk pal voor een joekel van een tv-scherm een wielerwedstrijd te bekijken. Vooral voor de natuur, benadrukt ze. De 100-jarige Zeeuws-Vlaamse is ad rem en geestig en klaagt geen moment over haar slechtziendheid. Het kortetermijngeheugen laat het afweten, maar over haar jeugd vol kwameisjesstreken raakt ze niet uitgepraat. Pas een jaar geleden ruilde ze haar zelfstandige bestaan in voor een driekamerappartement in een zorgcentrum in Kloosterzande. Dat ze de leeftijd van 100 jaar heeft weten te bereiken, dankt ze aan een smakelijke belofte, beweert ze.

Waar kunt u nog van genieten?
‘Van buiten een wandelingetje maken in mijn rolstoel en dan even in het zonnetje zitten, de warmte op mijn gezicht voelen. Er zijn zoveel kleine dingen om van te genieten, het hoeft niet een spektakel te zijn.’
‘Ook snoep ik graag. Een paar jaar geleden beloofde Monique, de vrouw van mijn neef Jen, elke maand een schuimtaart voor mij te bakken als ik de 100 zou halen. Ze dacht zeker: dat kan ik makkelijk beloven, want dat haalt ze toch niet. Sinds januari krijg ik elke

eerste van de maand een grote zelfgebakken schuimtaart, het lekkerste gebak dat er is.'

Had u het zonder dat vooruitzicht niet zo lang volgehouden?
'Als je écht wilt weten hoe je 100 wordt, moet je mij eerst betalen. Dat vertel ik niet zomaar.'

Ik bied 10 euro.
'Het is een kwestie van gewoon doorademen, dan gaat het vanzelf. Zo is het bij mij gegaan. En ik heb veel aan sport en seks gedaan, dat is heel gezond. Lange tijd ging ik elke ochtend om 7 uur zwemmen, in het zwembad in Brugge. En ik heb tot mijn 80ste getennist en golf gespeeld. Overigens voel ik mij helemaal geen 100 jaar, veel jonger. Ik zou nog wel eens willen vrijen, met een leuke vent.'

In wat voor gezin bent u opgegroeid?
'Ik was de derde van acht kinderen. Mijn vader was gemeentesecretaris van Sint Jansteen, hier vlakbij. We hadden het goed, zeker vergeleken met veel andere gezinnen om ons heen. De kinderen in mijn klas liepen op klompen, ik had als enige leren schoenen. Dat was heel bijzonder in die tijd. En ik droeg jurken en rokken, terwijl de andere meisjes in schorten liepen. Ze vonden mij een rijke taart in die mooie kleren. Ik kon het goed met mijn klasgenoten vinden, ze kwamen vaak bij mij thuis. We woonden in een vrijstaand huis met een grote tuin eromheen, waar we konden spelen.'
'Mijn jeugd was een heel gelukkige tijd. We mochten alles, het was een gezellige troep. Vriendjes en vriendinnetjes konden altijd blijven eten. Ik speelde vaak met mijn vijf broers. Dan hadden ze geen keeper en vroegen mij in de goal te gaan staan.'
'Mijn ouders waren net twee kleine kinderen. Mijn moeder was een wat stille, hardwerkende vrouw die nooit klaagde en vaak met ons mee speelde: verstoppertje, touwtje springen, knikke-

ren. Mijn vader was altijd vrolijk. Ik zie hem nog zijn scheermes slijpen en zingen: *Zou men armoe lijden om een mondje meer?* En dan wisten we als oudste kinderen: er komt er weer eentje bij!'

'We gingen altijd tegelijk om 18 uur naar bed en dan moest het stil zijn. Een keer had mijn vader een eng gezicht getekend op een doek en dat over een ragebol gedaan. Daarmee zwiepte hij langs ons raam. We schrokken ons dood en gilden het uit. Kennelijk vond hij het toch te stil, haha.'

Welke persoon in uw leven heeft u het meest beïnvloed?

'Wat een moeilijke vraag. Even denken... toch mijn vader, met zijn vrolijkheid en gekkigheid. Ik lijk wel op hem. Als kind was ik bepaald niet braaf en dat vond hij stiekem wel leuk. Hij werd nooit kwaad, ook al moest hij soms doen alsof.'

Wat voor kattenkwaad haalde u uit?

'Hahaha, dat ga ik niet vertellen hoor, want dan komt het in de krant en weet iedereen het. Op mijn rapport had ik voor gedrag altijd een onvoldoende, maar ik heb veel lol gehad. En ook heel veel straf, maar dat kon mij nooit wat schelen.'

Vertelt u dan over één kleine streek?

'Vooruit. Ik zal een jaar of 12, 13 zijn geweest, ik deed de mulo bij de nonnen en woonde intern. Er was kermis in het dorp, dat was natuurlijk streng verboden voor ons leerlingen van het patronaat. Maar ik trok mij niks aan van al die wetjes en regels. Ik klom over het hek en ging naar de kermis. En even later zat ik op een paard. Iemand moet mij herkend hebben aan mijn zwarte uniform en is de kostschool gaan waarschuwen, want ik werd teruggehaald. De nonnen maakten er een spektakel van. Mijn ouders werden opgetrommeld. Ik zag dat mijn vader zijn best moest doen heel streng naar mij te kijken, maar stiekem gaf hij mij een vette knipoog. Ik wist dat hij het heel leuk vond wat ik had uitgespookt.'

Haalt u nog steeds streken uit?

'Met Halloween ben ik in mijn rolstoel hier in huis langs de deuren gegaan met een schaal met snoep op mijn schoot. Op mijn schouder zat een heks. Zodra iemand snoep wilde pakken, ging ik snel met die heks op de schaal af. Gillen dat ze deden!'

Kreeg u als meisje de ruimte door te leren en een beroep te kiezen?

'Nee, ik wilde naar de hbs en daarna medicijnen studeren om huisarts te worden, maar alleen de vijf jongens mochten doorleren. Ik moest naar de mulo en daarna mijn moeder helpen in de huishouding, daar was ik niet geschikt voor.'

Wat heeft u met uw ambities gedaan?

'Trouwen met een huisarts, haha. Niet daarom hoor, ik was verliefd op Bert, hij was een studievriend van een van mijn broers. We runden na de oorlog samen onze huisartsenpraktijk. Ik deed de administratie en voerde ook gesprekken, vooral met moeders. Als ze met kwaaltjes van hun kinderen en zichzelf kwamen, bespraken ze die eerst met mij.'

Hoe verschillend was het werk van een huisarts vergeleken met nu?

'Een huisarts moest zelf pillen draaien – dat deed ik, rotwerk. En hij had zeven dagen in de week 24 uur per dag dienst. Als Bert een ronde maakte langs patiënten thuis, kon ik hem lastig bereiken als er bij mij op de praktijk een spoedgeval binnenkwam. Hij liet altijd een lijst achter met namen en adressen die hij bezocht. Dus dan ging ik in het telefoonboek zoeken wie van deze patiënten een telefoon had. Als ik iemand aan de lijn kreeg, vroeg ik of die hem alsjeblieft wilde zoeken.'

'Er heersten veel ziektes die nu nog amper voorkomen in Nederland, zoals polio, de bof en tbc. Voor mensen die tbc hadden, werd een hok in de tuin getimmerd waar ze maanden in isolatie leefden. Nu zijn er gelukkig vaccinaties tegen die nare ziektes.'

Hoe was het voor u dat uw huwelijk kinderloos bleef?

'Moeilijk. Ik had zo graag kinderen gewild. Maar Bert had in zijn jeugd de bof gehad. En jongens die de bof kregen, werden onvruchtbaar. Bert had mij dat eerlijk verteld voordat we gingen trouwen, maar ik dacht: ach, dat zal wel meevallen.'

'Ik heb nog wel drie jaar een kind opgevoed. Dat was Han, ik noemde hem liefkozend Hanneke. Hij was 2 jaar toen hij bij ons kwam wonen. Hanneke was een druk kind, zijn moeder kon hem niet aan. Ze vroeg of ik voor hem wilde zorgen. Dat was een heerlijke tijd, zo'n leuk kind, we hebben nog steeds contact. Maar na drie jaar wilde zijn moeder hem terug. Dat vond ik niet eerlijk. Ik heb het erg moeilijk gehad met zijn vertrek. Ik zou het niemand aanraden tijdelijk een kind in huis te nemen. Je raakt eraan gehecht, houdt ervan en bent het dan ineens kwijt.'

Wat was de moeilijkste dag in uw leven?

'In de zomer van 1978 was ik met Bert op vakantie in Spanje, waar we een tweede huis hadden. We maakten een wandeling. Bert pakte mijn hand en stopte die in zijn broekzak, zo hield hij mij vast. Ineens voelde ik zijn hand verslappen en viel hij op de grond, dood. Hij was nog maar 60 jaar, ik 57. Bert had altijd gezegd dat als hij in Spanje zou sterven, hij daar begraven wilde worden. Dus zo is het gegaan. Ik ben daarna nooit meer in Spanje geweest. Elke dag denk ik aan Bert, maar ik wil me er niet triest over voelen. Daarom denk ik aan zo veel mogelijk leuke momenten met hem.'

En toen moest u zonder hem verder.

'Zoiets kun je niet alleen verwerken, ik heb veel steun gekregen van familie en kennissen. De huisartsenpraktijk en ons huis heb ik meteen verkocht. Van de opbrengst heb ik een nieuw huis laten bouwen, met een appartement erin voor mijn moeder. Ik heb haar in huis genomen en tot haar dood voor haar gezorgd.'

Wat is uw belangrijkste levensles?
'Neem het leven zoals het zich voordoet, je kunt er toch niks aan veranderen.'

‘Mijn specialist zegt dat ik nog wel 15 jaar meekan’

Wim Wijn

GEBOREN: 4 januari 1922 in Eindhoven

Bij binnenkomst zegt Wim Wijn na een ellebooggroet: ‘Kom mee, ik moet je wat laten zien.’ Hij loopt rechtdoor zijn woonkamer in en houdt halt bij het grote raam aan de straatkant. Dan draait hij zich om en zwijgt, maar straalt van trots. Op de vensterbank staan twaalf sierpotten met orchideeën in volle bloei: wit, lila en knalpaars. Ook de gave, glanzende bladeren verraden de groene vingers van hun verzorger. In een andere kamer heeft hij nog een verzameling cactussen, vetplanten en geraniums. Al het groen in huis in bloei brengen, is zijn grote passie. Later zal hij vertellen dat hij in zijn lange leven zijn werkelijke roeping is misgelopen. Zijn verhaal doet de 100-jarige Eindhovenaar vol vuur en passie, zonder omhaal van woorden. Over sommige gebeurtenissen kan hij nog steeds diep verontwaardigd zijn.

Aan welke periode in uw leven denkt u het vaakst terug?

‘Aan de tijd dat ik met mijn eerste vrouw Toos bij mijn schoonouders inwoonde. Toos en ik hadden een goed huwelijk, ik was stapelverliefd op haar, we waren zo hecht en deden alles samen. We hadden elkaar in 1946 leren kennen op dansles en na 8,5 jaar verkering konden we eindelijk trouwen, dankzij mijn schoonouders. Door de grote woningnood na de oorlog lukte het ons al die jaren niet een eigen woning te vinden, dus woonden we allebei nog thuis. Inmiddels was ik 32 jaar en Toos 30.'

'We besloten te emigreren om toch samen een leven te kunnen opbouwen. Een week na deze aankondiging, zei mijn schoonvader: "We hebben erover nagedacht en bouwen een extra kamer aan ons huis, zodat jullie bij ons kunnen intrekken." Dat hebben we gedaan. Zo konden we eindelijk trouwen. Vijftien jaar lang hebben we bij hen in huis gewoond. Ze lieten ons helemaal vrij. Mijn schoonouders waren zulke lieve, zachtaardige mensen, ze behandelden mij als hun eigen zoon. Ik was erg aan hun gehecht. Later, toen ze oud waren, zei ik tegen Toos: "We nemen je ouders nu bij ons in huis." We hebben hen beiden tot het einde verzorgd.'

Hoe kijkt u terug op uw jeugd?

'Als een moeilijke tijd. Er was armoe, ik was vaak ziek en kon slecht leren. Ik had dikwijls barstende hoofdpijn, zo erg dat ik ervan moest overgeven. Zo liep ik op de lagere school een achterstand op. Ik ben drie keer blijven zitten. Bijles bestond toen niet. Ik heb nooit begrepen waarom geen van mijn broers en zussen, zes in totaal, mij hielp met mijn schoolwerk.'

'Mijn moeder was tegen mijn huwelijk. Ze wilde haar kinderen bij zich houden. Mijn zus Ria heeft haar moeten beloven nooit te zullen trouwen. Ik vond dat erg egoïstisch en zei mijn zus dat ze niet naar haar moest luisteren. Ze heeft het wel gedaan en heeft tot de dood van onze moeder voor haar gezorgd. Ria was 45 jaar toen ze aan haar eigen leven kon beginnen.'

Hoe kwam u op het idee om bakker te worden?

'In die tijd had je niets te zeggen over wat je wilde worden. Ik ging op mijn 14de naar de Fraters van Tilburg, een rooms-katholieke broedercongregatie. Met als doel zelf frater te worden. Het leren ging daar ook niet zo goed, daarom werd ik in de bakkerij geplaatst. Daar heb ik het bakkersvak geleerd. Na twee jaar ben ik weggegaan en in een bakkerij in Eindhoven gaan werken. Dat was regelrechte uitbuiting. Ik werkte zes dagen per week lange dagen van wel tien uur, en op zondag een halve dag, voor 10 gulden in de week.'

'Dat het uitbuiting was, ontdekte ik toen ik tijdens de oorlog twintig maanden in Duitsland tewerkgesteld werd in een bakkerij in een dorp vlak bij Duisburg. Daar was een werkdag acht uur. Ik verdiende ruim het dubbele, 25 mark per week, inclusief kost en inwoning. Ik had het daar dus beter dan in Nederland.'

Waren de arbeidsomstandigheden voor bakkers na de oorlog beter?

'O nee, de uitbuiting ging door. Bij de eerste bakker waar ik na de oorlog ging werken, kreeg ik maar 2,50 gulden per week. Het was er een bende, dus na twee weken vertrok ik weer. De volgende bakkerij betaalde ook 2,50 gulden voor 6,5 dag. Na twee jaar vond ik een andere baas waar ik 10 gulden per week kreeg, maar we maakten veel te lange dagen. En doordat ik bij de vakbond zat, wist ik dat we recht hadden op 25 gulden loon.'

'Ik vertelde de bond over de slechte arbeidsomstandigheden, en toen kwam er een controleur langs. Die ontdekte ook dat mijn baas helemaal geen werkvergunning had. Mijn baas was ziedend over de controle. Tegen mijn broer, die in zijn winkel werkte, zei hij: "Als ik degene die de bond heeft ingeschakeld te pakken krijg, dan zal die het weten!" De volgende dag ben ik op mijn baas afgestapt: "En, wat zalde gij dan doen?" Daarop zweeg hij.'

'Mijn volgende werkgever bleek ook een slavendrijver, die, daarbij gesteund door mijn moeder, mij zelfs dwong te werken toen ik erg ziek was. Ik dacht: ze kunnen allemaal de pot op, en ik besloot bij Philips te solliciteren. Daar kon ik een paar dagen later aan de slag op de pakkerij, als emballeur. Ik heb daar alles ingepakt, van röntgenapparatuur tot gehoorapparaten. Dat werk heb ik altijd graag gedaan.'

Heeft u ooit betreurd dat u geen frater kon worden?
'Het leek mij toen ik erheen ging het toppunt van goedheid om frater te zijn.' (Na een korte stilte:) 'Maar wat we nu allemaal weten over het misbruik in zulke instellingen...'

Bent u zelf ook misbruikt?
'Ja, ik heb het zelf ook meegemaakt. De fraters hadden een schoenmakerij waar elke leerling naar toe moest om nieuwe schoenen te laten aanmeten. De frater die dat deed, een magere man, kwam tijdens het meten tot de verkeerde handelingen. Ik schrok en durfde niks te doen. Ik was een klein manneke en zo groen als gras, ik wist helemaal niets van seks. We waren in die tijd zo dom als een koe. Wel voelde ik dat het niet klopte wat er gebeurde.'
'Niet veel later zag ik een andere jongen met een vuurrode kop bij dezelfde frater vandaan komen. Ik dacht: hem is hetzelfde gebeurd. Dit is de lelijke kant van het leven. Ik heb er niemand over verteld, ook thuis niet. Ik had angst voor mijn strenge ouders. Ik was bang dat ze boos zouden worden en mij er de schuld van zouden geven, zo van: je zult het er wel zelf naar gemaakt hebben.'

Die angst om erover te vertellen heerst nog steeds, zoals blijkt uit het misbruik bij tv-programma *The Voice*.
'Dat kinderen en jongeren die worden misbruikt niks durven te zeggen, komt door de scheve machtsverhouding. Die jongeren die meededen aan *The Voice* hoopten door te breken in de muziek en waren afhankelijk van de mensen die hen beoordeelden, daarom hielden ze hun mond. Het is goed dat hier tegenwoordig open over wordt gesproken. Het moet aangepakt worden. Die frater

die mij en andere jongens heeft misbruikt, is daar altijd blijven werken, wat hij heeft gedaan is nooit ontdekt. Tegenwoordig gaat dat gelukkig anders.'

Hoe heeft u het misbruik verwerkt?
'Door er niet aan te denken, het van mij af te zetten.'

Bent u ook zo omgegaan met andere tegenslagen in uw leven?
'De vroege dood van mijn eerste vrouw op haar 51ste en de lange periode van dementie van mijn tweede vrouw Jo, heb ik doorstaan met de wil verder te leven. Dat Toos en ik geen kinderen konden krijgen was jammer, maar we hebben er niet zielig over gedaan want daar schiet je niks mee op. Het is belangrijk vooruit te kijken, niet achterom, en te genieten van wat je wel hebt. En rechtop te blijven lopen. Ik kan zeggen dat het goed met mij gaat.'
'Ik ben dankbaar dat Marie-Anne, de dochter van Jo, zo goed voor mij is. Tijdens de eerste coronaperiode heb ik elf maanden bij haar ingewoond. Dat was fijn. Ze voelt als mijn eigen dochter. Ze komt vaak langs, wast mijn lakens en overhemden en zet het vuilnis buiten. Verder doe ik alles zelf. Ik bak mijn eigen brood, maak elke dag een wandeling en elke woensdagavond speel ik jeu de boules. Mijn specialist zegt dat ik nog wel vijftien jaar meekan.'

Zou u dat willen, 115 jaar worden?
'Als het zo blijft gaan als nu, zeg ik ja.'

Is er iets in uw leven waarvan u zegt: dat had ik anders moeten doen?
'Als ik het over mocht doen, zou ik beslist geen bakker zijn geworden. Dat is keihard werken en alles wat je maakt wordt opge-

geten. Tuinman past veel beter bij mij. Ik geniet van planten verzorgen, stekken, ze gezond houden en zo mooi mogelijk laten bloeien. Als tuinman had ik mij gelukkiger gevoeld.'

Heeft u een tuinierstip?

'Als je een geranium wilt stekken, moet je een loot schuin afsnijden en een paar uur laten liggen zodat de wond kan drogen. Daarna maak je een sneetje onderaan het steeltje en stopt daar een haver- of roggekorrel in. Vervolgens doe je het stekje in een pot met aarde en geef je het twee keer per week een scheutje water. Die korrel wil ook groeien en trekt water aan. Daar groeit het stekje goed van. Die korrel heb ik zelf bedacht, het werkt, probeer maar.'

‘Als iemand uit is op een conflict, houd ik mij stil. Laat de ander maar zegevieren’

Gerda Oude Kempers

GEBOREN: 20 januari 1922 in Angeren

Gerda Oude Kempers is een blijmoedige spraakwaterval. Ze woont zelfstandig in een seniorenappartement in Losser, vlak bij de Duitse grens, en noemt zichzelf ‘een gelukkig mens’. Ze verslindt streekromans en kookt nog elke dag tussen de middag haar potje eten, ‘met veel groenten, een appeltje en weinig vet’. Alle houten kasten en tafels in huis zijn gemaakt door haar man, meubelmaker van beroep, die zijn geliefde in 1945 tijdens een risicovolle tocht kwam redden van een hongerdood die hij vreesde. Deze ochtend heeft de moeder van negen kinderen op een papiertje geïnventariseerd hoeveel kleinkinderen en achterkleinkinderen ze inmiddels heeft. Ze komt tot dertig in totaal, en er zijn er drie op komst. ‘Gelukkig hoef ik dat niet allemaal te betalen.’

U bent pas hersteld van corona.

‘Al die tijd heb ik het niet gehad, en een paar weken geleden bleek ik ineens positief. Dat kwam denk ik via een van mijn dochters, die in het onderwijs werkt. Ik ben twee dagen verschrikkelijk ziek geweest en dacht: misschien ga ik nu wel dood. Voor het slapengaan nam ik twee paracetamolletjes en de volgende dag was ik weer beter.’

Hoe komt u zo sterk op 100-jarige leeftijd?

'Een mens heeft het voor een belangrijk deel zelf in de hand of hij gezond oud wordt. Eén: een opgeruimd karakter. Ik ben net zo vrolijk als mijn moeder, dus die eigenschap heb ik cadeau gekregen. Twee: goed met mensen kunnen omgaan, dus geen ruzie maken. Als iemand uit is op een conflict, houd ik mij stil; laat de ander maar zegevieren. Drie: alles zelf doen. Vier: gezond leven; vooral veel groente eten en weinig vet, niet roken en drinken. Alleen bij speciale gelegenheden drink ik een glaasje wijn.'

In wat voor gezin bent u opgegroeid?

'In een arm gezin met lieve ouders. We woonden in de Betuwe en verbouwden onze eigen groente en fruit. Mijn moeder was een sterke vrouw, werkte hard en was altijd opgeruimd en vrolijk. Ze zong vaak, en zo zuiver.' (Ze zet in:) *'Daar komt Jaap de groenteboer aan, met zijn ezelwagen. Voor de huisdeur blijft hij staan en ik hoor hem vragen: juffrouw, koopt u wat van mij: erwten, bonen en selderij. Kijk eens in mijn manden, alles is voorhanden.'*

'Mijn vader werkte in een steenfabriek en verdiende 11 gulden per week. Daarvan moest hij elf monden vullen: van zijn zeven kinderen, zijn ouders, mijn moeder en zichzelf. Na de lagere school moesten we allemaal aan het werk, mijn zussen en ik in de huishouding. Onze verdiensten gaven we aan onze ouders. Als kind bracht ik mijn vader tussen de middag vaak warm eten op de fabriek. Dan herkende ik hem niet, staand in de rook bij de steenoven, zonder beschermende kleding. Mondkapjes hadden ze toen nog niet. Hij is op zijn 43ste overleden aan stoflongen. Mijn moeder kwam er alleen voor te staan met zeven jonge kinderen. Wij moesten voor de inkomsten zorgen.'

Bent u uit liefde met uw man getrouwd?

'O ja, ik was smoorverliefd. Ik heb Henk ontmoet in de bus, in de oorlogsjaren. Ik werkte sinds mijn 18de als dienstmeisje in een gezin in Den Haag en was met de bus onderweg naar Gennep, naar mijn zus die een baby had gekregen. Onderweg kwam een man naast mij zitten en we raakten aan de praat. Hij sprak met dezelfde klanken als mijn oude schoolmeester Wissink, die kwam ook uit Twente. Henk woonde in Overdinkel, een dorp hier vlak bij Losser. Toen hij moest uitstappen, vroeg hij mijn adres. We gingen elkaar schrijven, heel brave briefjes hoor. In de winter van 1945 schreef ik Henk dat we honger hadden. We aten alleen nog tulpenbollen en suikerbieten. Op een dag ging de bel en stond Henk voor de deur. 'Ik kom je ophalen want je hebt honger en ik wil niet dat je doodgaat, bij ons is eten genoeg,' zei hij. Henk bleek een lift te hebben gekregen van een Duitse militair die munitie ging halen in Den Haag. Dus op een kist met kogels reden wij naar Twente, midden in de nacht, zonder licht om niet op te vallen, want de Tommies (Engelse soldaten, *red.*) hingen in de lucht. Onderweg zochten we dekking in een greppel.

Aarzelde u niet om met Henk mee te gaan, u kende hem amper?

'Ik was hem erg dankbaar, ook omdat ik mij gevangen voelde in het huis waar ik zeven dagen per week werkte. Ik kon geen kant op en wilde de baas zijn over mezelf. Mevrouw wist van de briefwisseling en zag dat ik verliefd was, dus liet mij gaan. Henk nam mij mee naar zijn ouderlijk huis in Overdinkel. Toen we aankwamen, zei zijn moeder: 'O nee, ik kan je er niet bij hebben.' Ik begreep het wel; ze had tien kinderen en een klein huis. Het was een rottige tijd. Ik kende daar niemand en had helemaal niets, behalve het witte dienstersschort van mijn betrekking in Den Haag. Op straat werd ik uitgelachen, want in Twente droegen ze gekleurde schorten.'

'Ik ging op zoek naar werk en een kamer. Die vond ik bij een drogisterij. Maar lang duurde dat niet, want in 1946 trouwden we en snel daarna werd ik zwanger. Omdat ik de eerste maanden zoveel pijn had, zei mijn man: stop maar met werken. Het was een onderdanige tijd hoor, voor de vrouw.'

Hoe was het om in die omstandigheden, in een vreemde omgeving zonder familie, moeder te worden?
'We huurden twee kamertjes in Overdinkel en hadden helemaal niks voor de baby. Geen wiegje, geen dekentje, geen luiers. Ik wist niet hoe ik een kind moest verzorgen. Ik had alleen lagere school en kende niemand in het dorp die mij kon helpen en vertellen wat ik moest doen. Ook mijn schoonmoeder niet, zij was niet zo'n lieverdje, heel anders dan mijn moeder. Ons kind was gezond geboren, maar op een gegeven moment wilde ze niet meer drinken. Ik haalde melk bij de boer, maar later bleek die vol bacteriën te zitten. Mijn baby was zeven maanden oud toen ze ziek werd en dreigde uit te drogen. Verschrikkelijk. We haalden de dokter erbij. Die zei dat er geen tijd te verliezen was en bracht haar naar het ziekenhuis. Wij wilden er achteraan, maar hadden geen fiets. De pater wilde de zijne aan ons uitlenen. Toen we bij het ziekenhuis aankwamen, bleek het te laat. Onze dochter lag al in een kistje. Er lagen mooie bloemen op, ik zie het nog zo voor me.'
'Bij ons tweede kind kon ik een moedercursus volgen, waar ik leerde hoe ik een baby moest verzorgen. Na de eerste kwamen nog acht kinderen. De jongste heb ik naar ons overleden kindje vernoemd, want ik wilde haar naam horen. Zij is trouwens lesbisch.'

Beleefde u genoeg voldoening aan het moederschap?
'In die tijd was je als moeder altijd aan het werk. Je deed alles met de hand, want er waren geen stofzuigers, wasmachines en wegwerpluiers. En dan liep je ook elk jaar met een dikke buik rond. Ik hield van kinderen. Maar ik had wel remmers willen slikken. Vier kinderen had ik genoeg gevonden, als ik de keuze had gehad.'

U merkte net op dat een van uw dochters lesbisch is. Hoe reageerde u toen u dat hoorde?

'Eerst vond ik het verschrikkelijk. Ik heb er de hele nacht wakker van gelegen, dat ze anders was en geen kinderen zou kunnen krijgen. Maar de volgende dag liet ik mijn verstand werken. Ik dacht aan de koeien in de wei en hoe die soms met elkaar omgaan. Het is de natuur. Mijn dochter is er zelf vrolijk onder en heeft een heel fijne vrouw. Nu zeg ik: als je kind maar gelukkig is.'

Wat ziet u als een van de grootste veranderingen van de afgelopen eeuw?

'Dat je tegenwoordig maar op een knopje hoeft te drukken en het is geregeld. In mijn jeugd werd de woonkamer verlicht met een petroleumlamp. Op een dag kwamen twee mannen lange stangen aan de muren vastmaken. Voortaan hoefden we maar op één knop te drukken en de hele woonkamer was verlicht. Een wonder. Niet zo lang geleden ging ik in de voorkamer de gordijnen dicht doen. Ik viel en kwam klem te zitten tussen de verwarming en een leunstoel. Ik drukte op het knopje van het alarm dat ik bij mij draag en hoorde uit het kastje achter mijn tv een stem: "Wat is er aan de hand?" Ik riep: "Ik ben gevallen en zit klem." De stem antwoordde: "Ik kom eraan." En tien minuten later stond ik weer.'

Waar haalt u nog levensvreugde uit?

'Ik ga graag op pad met mijn scootmobiel, naar de bibliotheek en in mijn eentje winkelen in Duitsland. Maar de nieuwe die ik heb gekregen gaat veel te hard, dat voelt niet veilig. Ik durf geen andere te vragen. Het is ook heel ingewikkeld om zoiets te regelen. Ook lees ik veel streekromans, want die zijn vaak vrolijk en optimistisch. Nu ben ik bezig in *Te mooi om waar te zijn* van mijn favoriete schrijfster Olga van der Meer. Ik heb nu overal rustig de tijd voor en kan doen waar ik zin in heb. Ik ben een gelukkig mens, ja echt.'

‘Ik geef mijn leven een 10, ik heb het nog erg naar mijn zin’

Aad Kouwenhoven

GEBOREN: 3 augustus 1921 in Wateringen

Volledig ingewijd in de begroetingsrituelen in coronatijd geeft Aad Kouwenhoven een boks bij binnenkomst. Om daarna, nog voor het bezoek een zitplaats heeft bereikt, meteen de gewenste richting van het gesprek kenbaar te maken: ‘Ik leef niet in het verleden. Ik houd mij vooral bezig met de toekomst. Die maakt mij bang.’

Op vier hoog in een verzorgingshuis in Wateringen zit de 100-jarige op zijn vaste stek bij het raam, een rollator binnen handbereik en een grootbeeldtelevisie pal voor zijn neus. Op een bijzettafeltje ligt een speciale tv-bril met vergrootglazen. ‘Van mijn kinderen heb ik een abonnement gekregen op een betaalzender die veel voetbalwedstrijden uitzendt. Voetbal is mijn grote passie. Met die bril op kan ik de bal tenminste zien.’ Uit rebellie is hij PSV-fan, ‘want de rest van de familie is voor Ajax of Feyenoord’.

Hoe heeft u uw 100ste verjaardag gevierd?

‘In een partycentrum met honderd gasten, verspreid over twee dagen. Het was 3 augustus, we hadden nog te maken met beperkingen door corona. Ik heb een grote familie met acht kinderen en partners – die nog allemaal bij elkaar zijn – en vijftien kleinkinderen en zestien achterkleinkinderen. Ik kom uit een gezin met elf kinderen, van wie er nog vijf in leven zijn, zoals mijn jongste broer Jan van 76. Ik ben de oudste.'

Een groot leeftijdsverschil tussen de oudste en de jongste telg in het gezin.

'Mijn moeder kreeg Jan op haar 46ste. Hij moest Jantje vervangen, die verdronk in een sloot. Mijn ouders waren van 's ochtends vroeg tot 's avonds laat aan het werk, als kinderen zorgden we voor elkaar. Ik weet nog dat ik in de schuur was en ineens een hysterisch gegil van een zus hoorde. Ik gooide mijn klompen uit en rende op mijn sokken naar buiten. Daar zag ik Jantje levenloos aan de slootkant liggen, 3 jaar was hij. Iemand had hem eruit gehaald. Ik nam hem in mijn armen en rende naar huis, waarschuwde de dokter en die zei dat hij niet meer te redden was. Dit was het dieptepunt in mijn jeugd. Ik was 13 en zie het knulletje nog in mijn armen liggen.'

Wierp zijn dood een schaduw over het gezin?

'We hadden elkaar nog. Het leven ging door. Als je nu ziet hoeveel drukte wordt gemaakt bij de geboorte van een kind, het lijkt wel een bruiloft. Vroeger hoorde je: het is zover. Dan kwam de baker en ging je als vader even kijken: alles zit erop en eraan, het ziet er gezond uit, en dan weer aan het werk.'

Wat maakt u zo bang voor de toekomst?

'Er is heel wat aan de hand in de samenleving. Geld is te veel een drijfveer geworden en oorzaak van problemen. En steeds meer mensen verliezen het vertrouwen in de politiek en gaan hun eigen weg. Dat kan tot verschrikkelijke toestanden leiden. Zoals demonstranten die een galg meedragen, bestemd voor een minister. Dat is verwerpelijk. Ik begrijp waaruit zulk gedrag voortkomt: er is geen ontzag meer voor politici.'

Hoe komt dat, denkt u?

'Deels heeft dat te maken met de doorgeslagen bureaucratie. Voor elk probleem maken kabinet en Tweede Kamer nieuwe regels en als er grote fouten worden gemaakt, zoals bij de kinderopvangtoeslag, verschuilen instanties die nieuw beleid moeten uitvoeren zich achter die regeltjes. Tegenwoordig komt ook alles aan de oppervlakte, zoals de investeringen van minister Hoekstra in een bedrijf in een belastingparadijs. Dat was dan wel legaal, maar fraai is het niet. Vervolgens duikt de Tweede Kamer er meteen bovenop met een debat waarin het er hard aan toegaat. Die reflex zie je bij elk incident, dan vraag ik mij af: zitten die partijen in de Tweede Kamer voor het landsbelang of alleen maar om de ander vliegen af te vangen? Ik ben bezorgd dat al deze ontwikkelingen leiden tot meer instabiliteit in de politiek en in de samenleving.'

Heeft u een idee hoe het tij te keren?

'Ik heb ooit in mijn leven een zinnetje gelezen dat mij altijd is bijgebleven: 'Zonder waardering jegens elkaar faalt elk systeem.' Vroeger keek je op tegen politici en noemde iedereen ze meneer. Nu is het Wopke, Mark, Sigrid. Het gebruik van voornamen doet afbreuk aan hun gezag. De hiërarchie moet terug, want daarmee bouw je een beheersbare samenleving op. Ach, dit zijn woorden van een 100-jarige, wat weet die van de gang van zaken af.'

U volgt het nieuws duidelijk op de voet.

'Ja, vooral politieke ontwikkelingen. Ik lees elke dag de krant, het *AD*, en kijk nieuwsprogramma's zoals het NOS *Journaal*. Met talkshows ben ik gestopt, al die meningen vergroten de polarisatie. Wel volg ik op tv veel debatten in de Tweede Kamer, zoals de Algemene Beschouwingen. Ik heb toch alle tijd. Mijn eigen partij bezorgt mij veel pijn. Het houdt mij dagelijks bezig hoe het toch mogelijk is dat het CDA, dat zoveel goeds heeft gedaan voor het land, in de marge is beland door al het interne gekrakeel. Ik had niet gedacht dat ik in mijn leven nog op een punt zou komen dat ik niet meer weet wat ik moet stemmen.'

Zou u in deze tijd jong willen zijn?

'O nee. Jongeren hebben al een schuld van zo'n 30.000 euro als ze nog met hun leven moeten beginnen. Alleen vakman zijn is tegenwoordig niet voldoende meer. Je moet nu ook handelaar én manager zijn. Daar ben ik niet geschikt voor. In deze tijd zou ik niet het volle leven kunnen leiden wat ik heb gehad. Ik had een heerlijk huwelijk met een lieve vrouw die geen eisen stelde en mij alle ruimte gaf. Ik geef mijn leven een 10.'

Hoe zag uw volle leven eruit?

'Ik ging op mijn 12de van school om in de tuinbouw geld te verdienen. In die tijd werd het Westland een slavenkamp genoemd. Eenmaal volwassen ben ik een eigen tuindersbedrijf begonnen. Van een klein tuintje dat ik kon huren om verschillende groenten te verbouwen, tot uiteindelijk een bedrijf met eigen grond van ongeveer 2 hectare met voornamelijk chrysanten die het hele jaar door bloeiden. Ik werkte zeven dagen in de week, 60 à 70 uur. Elke ochtend stond ik voor vieren op omdat om 06.00 uur de bloemenwagen mijn oogst kwam halen voor de veiling. In de avond was ik druk met maatschappelijke beslommeringen, voor de land- en tuinbouwbond en de Katholieke Volkspartij (KVP). Ik was bestuurslid van de KVP-afdeling in Wateringen. Dat was een machtige club hoor, we trokken volle zalen. Ik was vaak niet voor 23.00 uur thuis. Mijn vrouw en kinderen zag ik dus weinig.'

Hebben uw vrouw en kinderen u dat wel eens verweten?

'Nu wordt het interview spannend. Achteraf vind ik dat ik te weinig thuis was. Ik had mijn kinderen meer kunnen ondersteunen en met mijn vrouw meer van het leven kunnen genieten. Werk was voor mij altijd prioriteit nummer 1. Vandaar dat geen van de kinderen mijn bedrijf heeft willen overnemen, denk ik nu.'

Was dat een grote teleurstelling?
'Ja. Een van mijn zoons heeft toen hij 9 jaar was tegen mij gezegd: "Papa, ik word later geen tuinder." Hij was mij aan het helpen met het spannen en bevestigen van ijzerdraad. "Waarom niet?" vroeg ik. Hij vertelde dat als hij 's ochtends onderweg naar school een vriendje ging ophalen, hij daar een vader zag met een kop thee en een beschuitje. En als hij na school bij een ander vriendje ging spelen, was er ook een vader thuis. "En het ziet er daar nog netjes uit ook," voegde hij eraan toe. Ik nam zijn uitspraak niet zo serieus. De boodschap dat hij geen tuinder wilde worden, heeft hij denk ik aan zijn vier broers overgedragen, want ook zij bleken later geen interesse te hebben in de overname van het bedrijf dat ik met twee handen heb opgebouwd. Achteraf besef ik dat zij niet het leven wilden leiden van hun vader.'

Hoe was het voor uw vrouw? Zij stond vrijwel alleen voor de opvoeding van acht kinderen.
'Nu raak je een teer punt. Ze deed het uit liefde en stelde geen eisen. Vlak voordat ze 50 jaar werd, vroeg ze mij: "Heb je al een cadeau?" "Nee," zei ik en ik vroeg wat ze wilde hebben. Ze zei: "Mag ik als ik 50 word, gevrijwaard blijven van werken in de tuinderij?" Dat vond ik goed, maar het was wel slikken, het scheelde een arbeidskracht.'

Kreeg uw vrouw betaald voor haar werk?
'Nee, natuurlijk niet, alles ging in één pot. Zo ging dat toen.'

Hoe ziet u deze tijd, met meer gelijkwaardigheid tussen man en vrouw, ook in de verdeling van werk en zorg?
'Prachtig. Als ik mijn eigen kinderen zie: ze hebben met hun partners, maar ook apart met eigen vrienden, veel meer tijd voor ontspanning. Wij gingen destijds niet gebukt onder het harde werken hoor, het was nu eenmaal zo. Het leven van nu is complete luxe.'

Wat vindt u van de discussie over voltooid leven?
'Daar heb ik grote moeite mee. Natuurlijk is het verschrikkelijk als iemand erg ziek is of levensmoe. Met die persoon heb ik te doen. Maar dan zeg je toch niet: u mag er van de wet een eind aan maken? Alsof dat leven waardeloos is. Ik heb zelf ervaren hoe die boodschap aankomt. Ik was 97 toen ik een zware aanval van bronchitis kreeg, met hoge koorts. Toen mijn dochter het ziekenhuis belde en vertelde hoe oud ik was, zei de verpleegkundige: "O, op die leeftijd doen we niks meer." Dankzij ingrijpen van mijn huisarts kreeg ik toch een behandeling. Het is niet aan de mens te bepalen of je tijd gekomen is. God beslist hoe ons leven loopt.'

U lijkt niet te lijden onder de ouderdom.
'Ik vind het leven erg fijn. Ik heb altijd 100 jaar willen worden. Een voorvader die de leeftijd van 101 heeft bereikt, wil ik verslaan. Hij leefde van 1501 tot 1602, en dat in een tijd zonder de medische mogelijkheden van nu. Ik heb geluk. Vervelende ziekten zijn mij bespaard gebleven, ik kan nog elke week een fietstocht maken van 50 à 60 kilometer, wel op een driewieler hoor, voor het evenwicht. Hier in het verzorgingshuis heb ik het ook naar mijn zin. Het hele plaatje blijft een 10. Ik voeg er graag nog een paar jaar aan toe. Ik ben té nieuwsgierig naar de ontwikkelingen in onze maatschappij.'

‘Het beste is alles te nemen zoals het komt, anders heb je nooit rust’

Puck Scholten

GEBOREN: 25 oktober 1921 in Den Haag

Puck Scholten is al zes jaar niet buiten geweest. En dat vindt ze prima zo, zegt ze. In haar ruime flat op vierhoog in Deventer straalt ze vanuit haar stoel het bezoek tegemoet, gekleed in een chic pakje in hemelsblauw met een smalle, witte sjaalkraag. ‘Zelf gemaakt, zo’n twintig jaar geleden,’ zegt ze, ‘van een patroon in de *Burda*. Ik heb altijd al mijn kleding zelf gemaakt.’

Om haar hals hangt een witte ketting met een rood alarmknopje. Vanuit de hoek luistert haar zoon, musicus Berend Dubbe (60), op afstand mee. Af en toe zal hij zich in het interview mengen in een poging zijn goedmoedige moeder uit de tent te lokken.

Het gesprek is nog maar net begonnen, of Puck Scholten pakt uit het tijdschriftenrek onder haar bijzettafeltje een vergeelde platte doos. Die herbergt een verzameling zwart-witfoto’s van haar gloriejaren als variété-artiest, van eind jaren dertig tot in de jaren vijftig van de vorige eeuw. Het zijn glamourfoto’s van een fotogenieke, knappe jonge vrouw met een zelfverzekerde oogopslag die ze niet is kwijtgeraakt. Behalve close-ups zijn er ook foto’s van dans- en muziekgezelschappen waarmee ze optrad, zoals van de destijds vermaarde zanger en entertainer Boyd Bachman met zijn bigband, en het orkest van violist Carlo Carcassola.

Was artiest worden uw meisjesdroom?
'Nee, ik ben erin gerold. Op mijn 8ste ging ik bij de Haagse kinderoperette. We voerden sprookjes op. Daar leerde ik dansen en zingen. Mensen die mij zagen zeiden: daar moet je mee verdergaan. De eigenaar van de balletschool in Den Haag, Peter Leoneff, vroeg of ik lessen bij hem kwam volgen, maar mijn ouders konden het lesgeld niet betalen. Dat vond hij zo jammer dat ik gratis mocht komen. Op mijn 14de combineerde ik de balletschool met de huishoudschool bij de nonnen. Ik had talent, het ging mij makkelijk af. Dansen is keihard werken. Je moet het elke dag doen, op spitzen, de spagaat, om techniek en conditie op peil te houden. Ze vergelijken de zwaarte wel met het werk van een bootwerker. Na mijn opleiding kon ik zingen en dansen bij de revue van Louis Bouwmeester. En bij Circus Giezen, dat was het enige wat er was in die tijd.'

En toen begon het wilde artiestenleven?
'Ik heb een avontuurlijk leven geleid. We traden niet alleen op in Den Haag, Groningen en Amsterdam, maar ook in Brussel, Duitsland, Zwitserland, Frankrijk en Spanje. Ik was vaak de enige vrouw, met een publiek met alleen maar mannen. Dan was ik uitgezongen en kwamen ze naar mij toe, om mij een hand te geven. Dat vond ik wel wennen. Tijdens de oorlog kon niet zoveel, maar daarna kwamen de revues weer op gang en kon ik zingen in de bigband van Boyd Bachman. Op zo'n revueavond zat het publiek aan tafeltjes en traden verschillende artiesten op: een goochelaar, dansers, muzikanten.'

Kwam u uit een muzikaal gezin?
'Nee. Mijn vader was boormeester in Rotterdam. Hij hield toezicht op het boren van de Maastunnel. Mijn moeder ging in het voorjaar altijd druiven krenten bij de tuinders in het Westland. Ik was enig kind en dat was uitzonderlijk in die tijd. De meeste ka-

tholieke gezinnen hadden acht of soms wel elf kinderen. Het voordeel was dat alles wat mijn ouders konden missen aan mij werd besteed. Kinderen kwamen graag bij mij spelen, want er was speelgoed dat niemand had: een poppenwagen, stelten en zelfs een autoped met luchtbanden. Ik werd verwend en was wel een beetje een haantje de voorste.'

Was het soms ook moeilijk om enig kind te zijn in een tijd van grote gezinnen?

'Ik wilde graag een broertje of zusje. Kinderen vertelden mij dat ik een brief moest schrijven aan de ooievaar in de Hofvijver in Den Haag, waar we woonden. Ik gooide de brief in het water en hoopte dat de ooievaar die las, maar er gebeurde niks. Ik zal een jaar of 8, 9 zijn geweest. Toen mijn moeder overleed, ze was nog maar 50 jaar, miste ik een broer of zus aan wie ik mij kon optrekken. Ook bij het opvoeden van de kinderen had ik geen familie om mij te helpen.'

Wat is uw belangrijkste levensles?

'Het beste is om alles te nemen zoals het komt en niet overal tegenin te gaan. Anders heb je nooit rust. Je kunt niet alles veranderen. Ook je naasten niet. Hij of zij is nu eenmaal zo. En verandering is niet altijd een verbetering. Heb ik dat goed gezegd of niet?'

Hoe komt u aan deze levenshouding, denkt u?

'Misschien doordat ik enig kind was thuis, en doordat ik later vaak alleen was met mijn twee kinderen. Mijn man was veel weg voor zijn werk. Hij was pianist (Bé Dubbe, *red.*), had veel optredens in het land en bleef vaak één of twee weken weg. In die situatie wist ik wat mij te doen stond. Ik had het te accepteren.'

Zonder weerstand geen verandering en vooruitgang. Neem bijvoorbeeld de dolle mina's, die actie voerden voor gelijkberechtiging van mannen en vrouwen.

'Dat vond ik niet zo'n gek idee, want vroeger mochten vrouwen hun vleugels niet uitslaan. Je moest voor het huis en de kinderen zorgen, verder had je niks in te brengen. Daar deugt natuurlijk niks van. Je bent allebei mens. Als vrouw had je ook je zegje te zeggen, maar vrouwen durfden hun mond niet open te doen. Nu ben ik niet het type dat alles maar slikt hoor.'

Vanuit de hoek van de huiskamer klinkt zoon Berend: 'Maar je hebt je wel extreem opgeofferd voor het gezin, papa deed helemaal niks in huis, een vader-zoonrelatie hebben wij nooit gehad. Hij ging verder met zijn muzikale loopbaan, terwijl jij ermee moest stoppen toen de kinderen kwamen. En je was net zo talentvol en succesvol als hij.'

Ze reageert, zachtjes: 'Ik voelde mij op geen enkele manier onderdrukt in mijn huwelijk. Ik was heel zelfstandig, deed alles zelf, ook als er iets gerepareerd moest worden. Ja, dat ging ook zo omdat Bé weinig thuis was, maar daar maakte ik geen punt van. Begin jaren zeventig, toen jij 10 jaar was, Berend, ging hij tien jaar lang met zijn trio muziek maken op cruiseschepen. Het was voor hem natuurlijk een geweldige kans om de wereld te zien, en het verdiende goed. Doordat hij er weinig was, had ik alle ruimte. Elke dag een man over de vloer is ook niet alles. Nu was hij ook niet zo'n makkelijk mannetje, vaak boos en negatief, niks was goed. Ik heb veel geïncasseerd. Het is wel zo dat ik mijn twee zoons praktisch alleen heb opgevoed. Dat is mij aardig gelukt.'

Berend: 'Heb je nooit gedacht: ik ga bij hem weg, met de kinderen terug naar Den Haag?'

Puck: 'Nee hoor, helemaal niet. We gingen vaak een week logeren bij mijn nicht, tante Sjaan in Den Haag. Dat vond je vader niet leuk, maar ik deed het toch.'

Heeft het nooit aan u geknaagd dat uw artiestenbestaan tot een einde was gekomen en uw man kon doorgaan?
'Nadat ik in 1957 met Bé was getrouwd, ben ik doorgegaan met zingen. Maar toen mijn eerste zoon was geboren, ben ik natuurlijk gestopt om voor hem te zorgen. Ik heb nooit gedacht: ik ga weer op tournee. Al dat reizen, dan weer hier en dan weer daar overnachten, telkens weer voor publiek staan en er weer pico bello moeten uitzien in mooie avondjurken. Dat alles begon mij de keel uit te hangen. En de muziekwereld veranderde. Popmuziek sprak mij niet aan. Ik ben van de liedjes, de Engelstalige jazzsongs, van Cole Porter en George Gershwin. *Summertime, the livin' is easy*, een van mijn lievelingssongs. Ik kon geen noot lezen, deed alles op gevoel.'

Hoe heeft u uw man leren kennen?
'In de trein naar Luxemburg, in 1955. Het was Koninginnedag en ik stond met de orkestleider op het perron in Amsterdam op de trein te wachten. We hadden een contract om een maand lang in Luxemburg op te treden. Boyd Bachman zei: "Ik heb een pianist uit Deventer geregeld." Ik hoor mijzelf nog uitroepen: "Uit Deventer? Dat kan niks zijn!" Maar Bé Dubbe speelde de sterren van de hemel. Twee jaar later zijn we getrouwd en ben ik voor hem naar Deventer verhuisd. Vreselijk vond ik dat. Zo provinciaals, niks voor mij.'

En nu zet u al zes jaar geen voet meer op Deventer bodem.
'Sinds mijn man in 2016 overleed ben ik nog één keer buiten geweest. Ik ben bang dat ik val en niemand mij opmerkt. In deze buurt kan het heel stil zijn. Mijn zoons vragen wel eens of ik mee op stap ga in hun auto, maar het verkeer vind ik veel te druk. In mijn flat voel ik mij veilig. Hier is het rustig.'

Mist u de frisse buitenlucht niet, of een wandelingetje, mensen om een praatje mee te maken?

'Nee hoor. Ik heb de afgelopen honderd jaar wel genoeg gelopen en gedanst. Ik loop hier rondjes in mijn huis, met de stok. Aan praatjes heb ik niet zoveel behoefte. Van mijn kennissen op de galerij leeft niemand meer. Ik doe zelf mijn huishouden: de was, stoffen, zwabberen. Dat houdt mij in beweging. Verder maak ik kruiswoordpuzzels en kijk ik oude musicals van Fred Astaire en Gene Kelly, en veel televisie. Zonder de tv zou ik niet kunnen, die biedt de grootste afleiding. Soms verveel ik mij wel.'

'Mijn oudste zoon Jan uit Hengevelde doet elke week boodschappen, vriendin Inge brengt elke week maaltijden van de slager. Als Berend komt, neemt hij uit Amsterdam lever en pekelvlees van slagerij Louman mee, gallesbrood van de Joodse bakker en iets lekkers van bakkerij Holtkamp. Hij belt mij trouw drie keer per dag. Om half 9 's avonds ga ik naar bed met twee kranten, *De Telegraaf* en *de Stentor*. Die lees ik van a tot z en daarna val ik vanzelf in slaap. De tijd verandert, maar deze ouwe taaie blijft.'

‘Ik bedenk elke dag iets om naar uit te kijken’

Wim van Vollenhoven

GEBOREN: 14 juli 1921 in Amsterdam

Zo vitaal en zo actief als eeuweling Wim van Vollenhoven kom je ze zelden tegen. Boodschappen doet hij op de fiets. En daarbij gaat hij graag op koopjesjacht langs supermarkten, want waarom zou je meer betalen als het voor minder kan? De geboren en getogen Amsterdammer is bij binnenkomst in de keuken in de weer met appels, pecannoten en een blender. Een kookcursus voor mannen die hij na het verlies van zijn vrouw volgde, heeft weinig enthousiasme opgewekt, dus gaat er elke avond een kant-en-klaarmaaltijd de magnetron in. Hij eet zoutloos, want hij is zuinig op zijn hart en bloedvaten.
Van Vollenhoven staat elke dag om half 7 op en kruipt stipt om negen uur ’s avonds weer onder de wol. Die slaap heeft hij nodig, zegt hij, want elke dag wacht hem weer een vol programma. ‘Diep in mijn hart zou ik graag een halfjaar naar Engeland gaan om de taal goed te leren.’

Wat is uw grootste talent?

‘Dat ik makkelijk contact kan maken met iedereen. Mijn hele leven heb ik veel mensen ontmoet, in mijn werk als handelaar vanaf mijn 18de, en later als vertegenwoordiger van O’Harris, een

firma in tekenaarsbenodigdheden. Nog steeds knoop ik makkelijk een praatje aan met wie op mijn pad komt. Zoals tijdens mijn fietstochten door de polder die ik graag maak. Dan ga ik onderweg naast iemand op een bankje zitten en begin een gesprek. Niet zo lang geleden heb ik een violiste ontmoet, een meisje van 90 jaar. Vorige week had ik haar uitgenodigd en hebben we samen gemusiceerd, zij op haar viool, ik op de piano.'
'Soms maak je de wonderlijkste dingen mee. Zo zijn mijn vrouw en ik jaren geleden op vakantie in Marokko na een praatje bevriend geraakt met een douanebeamte. Hij is bij ons in Nederland geweest en wij bij hem thuis in Marokko. Hij vroeg mijn vrouw een traditionele jurk aan te trekken bij het eten. Daarbij kreeg ze een brede, rijk versierde ceintuur van puur goud om. De douaneman bleek familie van de koning.'

Wat heeft u als vader uw dochter willen meegeven?
'Dat het belangrijk is een behoorlijke opleiding te volgen, zodat je een goed leven kunt opbouwen. Maar ik heb haar nooit gezegd wát ze moest doen. Ze koos voor de studie medicijnen en is bedrijfsarts geworden. Toen ik jong was, had ik graag willen studeren. Na twee jaar mulo moest ik van mijn ouders van school om te gaan werken. Ik was 14 jaar. Er was geld nodig. Als ik in deze tijd was opgegroeid, zou ik internationale handel zijn gaan studeren. Maar ik moet zeggen dat ik altijd plezier in mijn werk heb gehad. Ik heb veel tranen gelachen.'

U loopt neuriënd door huis
'Ja, ik heb altijd muziek in mijn hoofd. Ik speel veel piano en schrijf zelf muzieknotaties van de liedjes die ik speel. Pianospelen is de rode draad in mijn leven, van Chopin tot Amsterdamse volksliedjes. Mijn ouders hadden het niet breed, maar ik kreeg wel vanaf mijn 7de pianoles. Als kind luisterde ik graag naar *De bonte dinsdagavondtrein*. Vijftig jaar later, ik was net met pensioen,

viel mijn oog op een advertentie van Gerard Walden, een van de artiesten in dit radioprogramma. Hij en zijn vrouw Berry Kievits zochten een pianist voor hun revueavonden. Ik solliciteerde en we hebben samen 7 à 8 jaar opgetreden, in theaters door heel Nederland. Daarna heb ik nog veel plezier en successen beleefd met Carolien Schellekens, een zangeres met wie ik in 2000 een relatie kreeg en in theaters en zorgcentra optrad. Na haar overlijden in 2016 ben ik alleen verdergegaan.'

Welke periode in uw leven heeft de meeste impact gehad?
(Hij is eerst even diep in gedachten verzonken:) 'We hebben allemaal de oorlog meegemaakt, dat zat goed fout. Ik heb mij moeten aanpassen aan de omstandigheden.'

Waar doelt u op?
'Ik heb bijna vijf jaar gevangen gezeten, in kampen in Letland en later in Rusland. Daar had ik te maken met figuren die er genoegen aan beleefden anderen te treiteren. Al die jaren heb ik zware arbeid moeten verrichten. In een ijzeropslagplaats en later in de haven van Leningrad (nu Sint-Petersburg, *red.*) moest ik 12 uur per dag zware pakken schapenhuiden en hout van Finse schepen versjouwen, alles met de hand. Toen de Russen Letland van de Duitsers bevrijdden, lag ik met scabiës in een ziekenhuis in Libau (nu Liepaja, *red.*), tussen gewonde Duitse soldaten. In de chaos die ontstond, ben ik met Duitse krijgsgevangenen in een trein gezet.'
'*Domoy* – naar huis – riepen de Russen. Maar aan de stand van de zon zagen we dat we naar het oosten reden. In Leningrad aangekomen, hingen vrouwen uit de ramen en gebaarden dat we opgehangen moesten worden. De Duitsers hadden de inwoners uitgehongerd. Ik ben op een Russische generaal afgestapt en heb gezegd dat er een vergissing in het spel was omdat ik geen Duitser was, maar een Hollander die als dwangarbeider te werk was gesteld door de nazi's, en dat ik terug wilde naar huis. Maar de

generaal zei dat hij niks voor mij kon doen. En zo werd ik opnieuw tewerkgesteld, nu tussen Duitse krijgsgevangenen. De Russen namen alles van mij af wat ik nog bezat, zelfs mijn schoenen en mijn sokken. Op blote voeten liep ik door de sneeuw.'

'Pas twee jaar na de bevrijding, in het voorjaar van 1947, kwam ik na een lange tocht weer terug in Nederland. Toen ik thuis voor de deur stond, was het eerste wat mijn moeder zei: "Wat zie jij eruit!" Ik liep in lompen, was sterk vermagerd, en zag eruit als een zwerver. Ik heb mij uitgebreid gewassen en heb daarna een net pak aangetrokken. Dan voel je je meteen een heel ander mens.'

Hoe heeft u deze tijd kunnen doorstaan?

'Ik heb die jaren ontzettend op mijn sodemieter gehad. Het is een wonder dat ik het heb overleefd. Het ergste wat een mens kan overkomen is dat een ander bepaalt hoe hij moet leven. Maar wat niemand je kan afnemen, zijn je gedachten. Ik heb kunnen overleven door mij aan de situatie aan te passen, zonder ingewikkelde denkpatronen. Je hebt geen andere keus dan meedraaien in het moment.'

'Bij terugkeer werd je bekeken als een oen, als je als dwangarbeider voor de Duitsers had gewerkt. Ik hoefde geen mededogen, ik was allang blij dat ik thuis was en weer mijn gang kon gaan, een normaal leven kon gaan leiden; trouwen en een gezin beginnen, niks bijzonders.'

'Mijn rug is de grootste verliezer. Door alle zware arbeid is die overbelast geraakt, ik heb nog dagelijks pijn. Dan kun je wel zeggen: goed, dat is verleden tijd, maar deze ervaringen draag je een leven met je mee. Ik praat er nog maar weinig over, want de meeste mensen bagatelliseren die periode. Laatst vertelde ik een 48-jarige man over mijn oorlogsjaren en toen zei hij: "Jammer dat ik die tijd niet heb meegemaakt, zó spannend."'

Hoe heeft u in 1947 de draad weer kunnen oppakken?
'Mijn vader was in de oorlog overleden, mijn moeder had geen cent. Dus ben ik ondanks mijn slechte conditie meteen aan het werk gegaan. Ik ben fabrieken langsgegaan en vond tussen het afval staafjes metaal. Daar kun je schoenlepels van maken, bedacht ik, en die ben ik gaan verkopen. Een bedrijf in het noorden had een complete slaapkamerinrichting, die kon ik doorverkopen in Zeeland, dat zwaar gehavend uit de oorlog was gekomen. Zo kwam mijn handel, die ik op mijn 18de was begonnen onder de naam "Industrie- en Handelsonderneming Van Vollenhoven", weer op gang.'

Wat is uw levensinstelling?
'Wat ik doe moet in overeenstemming zijn met mijn verstand én mijn gevoel, als een van de twee "nee" zegt, doe ik het niet. Ook zou ik het nooit in mijn hoofd halen te oordelen. Als iemand extreme standpunten verkondigt, is zwijgen het beste, want hij kan alleen uit zichzelf tot andere gedachten komen.'
'Nu, op mijn 100ste, is mijn grondgedachte: ik heb een portie te leven en daarvan heb ik het grootste deel opgesnoept. Wat nog resteert, heb ik zo goed mogelijk te besteden. Dat doe ik door de hele dag in touw te zijn: pianospelen, opnames maken, muzieknotaties schrijven, naar de bibliotheek, fietstochten maken, fotograferen en mijn foto's op de computer bewerken, puzzelen, tekenen, onder de mensen zijn en *de Volkskrant* lezen. Ik bedenk steeds iets om naar uit te kijken.'

Ik hoef u niet te vragen of u de digitalisering kunt bijbenen...
'De wereld is continu in ontwikkeling. Je moet zo veel mogelijk met de tijd meegaan, anders sta je stil en kun je niet meer mee met de anderen. Een computer en een smartphone zitten logisch in elkaar, als je je erin verdiept. Er zijn genoeg instructieboeken. Als ik er niet uitkom, raadpleeg ik SeniorWeb. Kijk, ik

heb voor 2,95 euro iets nieuws gekocht: een selfiestick op een standaard met bluetooth. Hiermee ga ik detailfoto's maken. Jongens van mijn leeftijd vinden het maar niks wat ik allemaal nog doe.'

‘Ik wilde verpleegkundige worden, maar als oudste in het gezin moest ik helpen in het huishouden’

Elly Köbben

GEBOREN: 16 juli 1921 in Den Bosch

Elly Köbben is een elegante dame die geen blad voor de mond neemt. Ze woont in een gezellig ingerichte, ruime tweekamerwoning in een verpleeghuis in Den Bosch. Op de diepe vensterbank liggen stapels boeken met titels als *Gejaagd door de wind*, *De cursus 'Omgaan met teleurstellingen' gaat wederom niet door* en *Vrolijk Verval*. Of de gast zelf frisdrank uit de koelkast wil pakken, want dat lukt niet meer. Thee en koffie zetten ook niet, ‘de kracht in mijn rechterhand is weg’. Tijdens het interview masseert ze nonstop haar knieën.

Hoe vindt u het om 100 jaar te zijn?

‘Ik heb mijn hele leven gezegd: ik hoef geen 100 te worden. Maar het is toch gebeurd, waarom mag Joost weten. Je hebt er niks over te zeggen. Mijn vijf kinderen komen elke week langs en de dochters van mijn tweede man bezoeken mij ook dikwijls, daar heb ik het maar mee getroffen. Als er dichte mist is, bel ik op en zeg: je mag wel een keer overslaan. Maar dan staat er toch weer een voor de deur: de mist was al opgetrokken, klinkt het dan.’

Waarom had u niet zo oud willen worden?
'Je gaat alleen maar achteruit. Mijn benen en knieën doen het niet meer. Lopen gaat dus niet. Ik heb continu pijn, vanaf mijn heup tot en met mijn voeten. Soms is het zo erg dat het lijkt of de boel uit elkaar spat. Maar vanboven ben ik gelukkig nog goed. Hier in huis zijn veel mensen met dementie. Als ik dat zie, denk ik: wat een geluk heb ik.'
'Ik maak geen feest van mijn 100ste verjaardag hoor, vertelde ik mijn kinderen. Ik was dolgelukkig geweest als ik die ochtend niet wakker was geworden. Maar het feest kwam er, hier beneden. De kinderen regelden alles. Er waren 78 gasten, zelfs familie uit Noorwegen, en mijn jongste zus van 84 uit Frankrijk.'

Wat mist u het meest van wat u niet meer kan?
'Kaarten en brieven schrijven aan jarigen, zieken en rouwenden. Ik schreef iedereen.'

Wat vindt u de beste uitvinding van de afgelopen eeuw?
'Het gehoorapparaat. Zonder had ik geen gesprek meer kunnen voeren.'
Op tafel, binnen handbereik, ligt een multomap met '100 jaar Elly Köbben' op de cover. Een verzamelalbum vol documenten en foto's. Op een van de eerste pagina's valt een foto van de voormalige PvdA-premier Joop den Uyl op. 'Mijn broer André (hoogleraar culturele antropologie, *red.*) was getrouwd met de zus van Liesbeth van Vessem, de echtgenote van Joop den Uyl. We kwamen bij elkaar over de vloer, aardige man, die Joop. In zomervakanties deden we huizenruil. Dan kwam Joop met zijn gezin met zeven kinderen in onze villa hier in Den Bosch. Dat vonden ze heerlijk, met die grote tuin, maar wij hielden het vaak niet langer dan drie dagen uit in hun huis op twee hoog in Amsterdam. Het was klein en rommelig: de spinraggen hingen aan de muur en er kwamen spijkers door het matras. Dan trokken we gauw verder met de caravan.'

Ze onderbreekt haar verhalen regelmatig met een blik op haar horloge. 'Ik moet om twee uur bridgen, dat wil ik niet missen.' Elke dinsdagmiddag speelt ze het kaartspel met drie iets jeugdiger bewoners, beneden in de zaal. Ze leerde het in de oorlogsjaren van haar ouders en is er nooit mee gestopt. In 1948 was ze met nog vier dames het eerste vrouwelijke lid van One Down in Den Bosch. Uit protest om deze nieuwlichterij zegden twee heren hun lidmaatschap van deze bridgeclub op.

In wat voor gezin bent u opgegroeid?

'Ik ben de oudste van een katholiek gezin met zeven kinderen. Mijn moeder was bijdehand, mijn vader een gezellige man. Hij was leraar Frans en Engels op de mts in Den Bosch. In de schoolvakanties was hij reisleider voor de Nederlandse Reizigersvereniging. Dan ging hij bijvoorbeeld met tweehonderd toeristen naar Rome. Ik mocht een keer mee op skivakantie naar Davos in Zwitserland. Ik was 13 jaar en vond het geweldig. Toen ik er op school over vertelde, moest ik aan iedereen uitleggen wat skiën was.'

Wat was uw meisjesdroom en is daar iets van terechtgekomen?

'Ik heb altijd verpleegkundige willen worden. Maar het is niet helemaal gegaan zoals ik wilde. Ik heb drie jaar ulo gedaan. Omdat ik de oudste was, moest ik helpen in huis. De anderen konden wel verder studeren. Ik kon als verzorger werken in een tehuis voor ondervoede stadskinderen. Ze zaten onder de luis. Maar dat stopte toen de Duitsers in de oorlog het gebouw vorderden, alle kinderen moesten naar huis. Daarna vroeg onze tandarts of ik zijn assistent wilde worden. Dat leer ik je in een week, zei hij. In 1946 ging ik trouwen en zei hij: "Jammer, ik wil je niet kwijt." In die tijd werd een vrouw weggejaagd van haar werk als ze trouwde. Ik wist dat dat van hogerhand was bepaald, maar leuk was het niet. Zat ik ineens thuis met mijn handen over elkaar. Ik mankeerde toch niks? De tandarts had in mijn plaats twee onnozele meisjes aangenomen. Na een paar maanden belde hij mij op: "Kom alsjeblieft terug, ze kunnen niks." Toen ben ik stiekem teruggekeerd, totdat mijn eerste kind werd geboren. Ik kreeg geen loon, maar zakgeld, 1 gulden per week.'

Heeft u later uw meisjesdroom kunnen waarmaken?

'Nee, aan een opleiding voor verpleegkundige ben ik niet toegekomen. Mijn moeder is vrij jong overleden. Mijn vader was totaal onthand. Mijn moeder deed altijd alles, zelfs het sjouwen van de koffers als we op vakantie gingen. Omdat ik de oudste was, wilde mijn vader dat ik bij hem introk met mijn gezin. Ik was 32 en had al vier kinderen. Na zes jaar hertrouwde hij en verhuisde naar Brussel. Ik kon met mijn gezin in zijn villa blijven wonen. Op mijn 42ste kreeg ik nog een nakomertje.'

Hoe was het om een huishouden met vijf kinderen te bestieren in een tijd zonder wasmachine, vaatwasser en pizzakoerier?

'Ik had een dienstmeisje. Ze was 14 jaar, woonde bij ons in en is negen jaar gebleven. Ze kon goed schrobben. Zo'n jong dienstmeisje was normaal in die tijd. Adrie kwam uit een arm gezin, haar vader was werkloos. Kinderen werden er dan op uit gestuurd om geld te verdienen. Haar loon gaf ik aan haar moeder, ze kreeg wel zakgeld. Adrie vond het fijn bij ons. Een van mijn zoons heeft haar leren lezen en schrijven. Ze was allang blij dat ze weg was van haar vader. Die was de hele dag thuis en zat aan zijn twee dochters. Daar is hij later nog voor opgepakt.'

Wat is uw belangrijkste levensles?

'Ga ook om met mensen die het minder hebben, die jouw aandacht en hulp nodig hebben. Kijk nooit neer op mensen in armoede. Zo nodigde ik een gezin dat het niet zo breed had, vaak bij ons thuis uit. Ik gaf hen kleding en schoenen. We waren in de buurt de enige met een auto en dan mocht een van de kinderen wel eens mee, ook op vakantie naar Frankrijk. Voor mij was het gewoon, maar later begreep ik dat ons contact voor hen belangrijk was.'

Wie was uw grote liefde?

'Ik heb geen buitengewoon grote liefde gekend. Mijn man is jong gestorven, hij was 68. Daarna leerde ik op de bridgeclub Wim kennen. We werden goede vrienden. Na negen jaar zei hij: "Ik wil met je trouwen." Ik vroeg mijn kinderen hoe zij erover dachten. Ze maakten alleen maar grappen, zoals: "Wat doet zijn vader?" Ze vonden het leuk voor mij. En zo ging ik op mijn 77ste weer trouwen. We zijn nog twintig jaar samen geweest, dat had ik nooit gedacht.'

Hoe is een tweede huwelijk op hoge leeftijd?

'Heel anders dan het eerste. Er kwam meer liefde bij, ik kreeg meer aandacht dan ik gewend was. Wim deed ook met alles mee, zoals boodschappen doen. Hij wilde graag dat ik auto reed. "Ik rij tot Maastricht, daarna mag jij," zei hij altijd. Dan kon ik haarspeldbochten rijden in Frankrijk, heerlijk. We deden veel samen: bridgen, zwemmen, tennissen. Op mijn 89ste ben ik gestopt met tennis, omdat ik last kreeg van mijn knie. Onzin, vind ik achteraf, ik had gewoon moeten doorgaan.'

Kijkt u wel eens met verbazing naar deze tijd?

'We zijn er enorm op vooruit gegaan, daar mogen we dankbaar voor zijn. Maar ik stoor mij eraan dat kinderen geen gezag meer voelen voor ouderen. Ze luisteren slecht naar hun ouders en leraren op school. Het komt natuurlijk door de ouders, die stellen te weinig grenzen.'

Hoe probeert u te leven met uw pijn?
'Ik slik veel pijnstillers, maar weg is de pijn nooit. 's Nachts word ik er elk uur wakker van. De dokter hier in huis heb ik gevraagd mij zoveel slaappillen te geven dat ik niet meer wakker word. Dat is heel moeilijk, zegt hij. Dat vind ik jammer. Mijn kinderen heb ik verteld hoe ik erover denk en ze begrijpen mij. Ik vind dat een arts moet kunnen zeggen: u heeft veel pijn, het wordt alleen maar erger, u leeft niet lang meer, ik zal u helpen.'

Is het niet tijd voor de bridge?
Ze schrikt op: 'Het is al vijf voor twee.' Met alle kracht die ze kan verzamelen hijst ze zichzelf kreunend uit haar leunstoel, haar rolstoel in. De deur zwaait open: haar bridgemaatje vraagt bezorgd waar ze blijft. De vrouw duwt de rolstoel de lift in naar de zaal op de begane grond. Op een tafel staat de tas met bridgeattributen klaar. De 100-jarige veteraan ritst de tas open, spreidt behendig het groene speelkleed uit en legt de rode plastic dozen met speelkaarten op hun plek. Dan draait ze zich om: 'Je mag nu wel gaan.'

‘Mijn droomverhalen geven mij kracht en hoop’

Louk Bannink

GEBOREN: 29 december 1921 in Malang, Indonesië

Twee jaar geleden mocht Louk Bannink zijn rijbewijs met nog eens vijf jaar verlengen, maar inmiddels gaat hij de weg niet meer op, want zijn gezichtsvermogen laat hem in de steek. De auto mag echter voor geen goud worden verkocht, want je weet maar nooit.
De 100-jarige is tijdelijk ingetrokken bij zijn zoon en schoondochter. Hij is herstellende van een operatie en wil zijn bijna 99-jarige echtgenote niet tot last zijn. Regelmatig is hij te vinden in de fitnessruimte in de kelder van zijn logeeradres. Zijn zoon laat foto’s en een filmpje op zijn smartphone zien van zijn sportende vader: op de loopband, op een fiets en trekkend aan het gewicht van een krachtstation. Thuis fietst Bannink elke dag 15 à 20 minuten op de hometrainer. ‘Ik heb er niet altijd zin in, maar dwing mezelf ertoe, om in conditie te blijven.’
Geconcentreerd vertelt hij tot in de kleinste details over zijn persoonlijke geschiedenis.

Wat is uw mooiste jeugdherinnering?

‘Het gelukkigst was ik als kind op de koffie- en rubberplantage op Oost-Java, waar we vanaf mijn 7de woonden. Mijn vader was er administrateur, manager zou je nu zeggen. Ik ben geboren op een rubberplantage in Malang, maar ik hield meer van koffieplanten, want die bloeien zo mooi, met hun witte takken. Ik genoot van buiten zijn, van de bedrijvigheid op de plantage en de natuur in de omgeving. We woonden aan de voet van de Semeru, met 3676 meter de hoogste berg op Java. Ik reed graag op ons paard over de 1500 hectare grote plantage. Het hoogtepunt was de oogsttijd van juli tot september, als vissers van het eilandje Madura met hun hele gezin naar de plantage kwamen om te helpen bij de bessenpluk. Ze kwamen te voet, een tocht van zo'n 140 kilometer. Ik speelde met de kinderen en keek toe hoe de oogst in de fabriek werd verwerkt. Van mijn 7de tot mijn 14de waren ook mijn gelukkigste jeugdjaren omdat ik veel samen was met mijn oudere broer. Hij verdedigde mij als er iets te verdedigen viel, want ik kon een lastig jongetje zijn.'

Hoezo was u een lastig jongetje?

'Ik was erg druk en had soms conflicten in het gezin waar wij door de week woonden. Onze school in Malang was te ver om elke dag op en neer te reizen, daarom waren mijn broer en ik daar in de kost. Als 7-jarige voelde ik mij triest, ik miste mijn pappie en mammie. Het eten in het gezin smaakte mij niet. Dagelijks een groot stuk vlees, ik kreeg het niet door mijn keel. Elke dag werd ik met mijn bord naar mijn kamer gestuurd. Daar gooide ik het eten uit het raam. Op een dag kwam de oudste dochter, die voor ons zorgde omdat haar moeder bedlegerig was, erachter. Mijn drie jaar oudere broer nam het voor mij op, ik voelde mij door hem beschermd. Maar de dochter bleef mij dwingen mijn bord leeg te eten. Ik werd niet meer naar mijn kamer gestuurd en vond een andere manier om van het eten af te komen: ik gooide het in de tuin over de muur naar de buren, waar honden het opvraten. We kunnen er nu om lachen, maar ik was heel angstig. Ik was altijd dolblij als we in het weekend en de vakanties naar huis konden. Daar was ik vrij.'

Ondanks de heimwee klinkt het als een geprivilegieerde jeugd.

'Mijn vrouw zegt: je was een verwend knaapje. We maakten als gezin mooie uitstapjes in de bergen met een heerlijk koel klimaat, we gingen wandelen en paardrijden.'

En toen maakte de oorlog een einde aan deze idylle.

'Vanaf 5 mei 1940, toen de Duitsers Nederland bezetten, hoorden we vijf jaar lang niets meer van mijn broer, die in Nederland studeerde. Tot die tijd had hij elke week een brief geschreven. Na de komst van de Jappen in december 1941, werd ik als dienstplichtige soldaat krijgsgevangene gemaakt. Mijn ouders kwamen, van elkaar gescheiden, in kampen terecht. De Jappen vervoerden mij met duizenden andere mannen naar Birma, om als dwangarbeider de spoorlijn naar Thailand aan te leggen. Rijst was ons enige voedsel. Ik kreeg dysenterie en malaria.'

'In die tweeënhalf jaar dwangarbeid heb ik twee keer op sterven gelegen. De pastoor, die samen met een dominee en Wim Kan het kamp bezocht, gaf mij een eitje. Toen wist ik dat het einde nabij was, want alleen stervenden kregen een ei. In datzelfde jaar ben ik er nog een keer slecht aan toe geweest. De hoofdverpleegkundige en de arts brachten mij op een brancard naar een goederenwagen die mij naar een ziekenhuis zou brengen. "Die zien we nooit meer terug," hoorde ik hen zeggen.'

Hoe heeft u toch weten te overleven?

'Dat weet ik niet precies. De eerste keer, toen ik na het ei van de pastoor besefte dat ik stervende was, besloot ik ervoor te gaan. Ik lag maar te liggen in die barak en ging in mijn hoofd verhalen verzinnen over een gedroomd vrij studentenleven in Wageningen, waar ik als gezonde jongen naar de sociëteit ging, waar lekker eten was en een borreltje. Ook fantaseerde ik tot in detail hoe ik mijn eigen koffieplantage zou inrichten. Al die droomverhalen gaven mij hoop.'

Gelooft u in een lotsbestemming?

'Ja, misschien wel. Ik geloof niet in een god, in de vorm die de mens ervoor heeft bedacht: met een kerk en een bijbel. Maar ik geloof wel in de aanwezigheid van een kracht. Die kracht heeft mij kennelijk in Birma in leven weten te houden.'

Wie is uw grote liefde?

'Mijn vrouw, Els Hartman. In oktober 1921 waren we 70 jaar getrouwd. Ze is mijn jeugdliefde. Ik vond haar heel mooi, ze had goeie benen en zag er sportief uit. Ze zag mij niet staan dus ik ondernam niks. Na afloop van de oorlog kreeg ik een militaire opleiding om te helpen de opstand van de Indonesiërs neer te slaan, maar ik kreeg heel veel pijn en werd afgekeurd. Artsen stuurden mij naar Nederland voor onderzoek, ik bleek een galblaasontsteking te hebben. Onderweg op de boot naar Amsterdam zag ik Els terug, die uit een vrouwenkamp was bevrijd. Ze was met een vriendje, dus ik ging niet achter haar aan. Maar mijn goede vriend Jan Haga, met wie ik samen reisde, vertelde haar hoe ik over haar dacht.'

'Twee jaar later, toen ik in Wageningen tropische landbouwkunde studeerde, kwam ik op een nacht terug van de sociëteit en zag een kaart in de brievenbus liggen: "Morgen ga ik naar mijn moeder in Zutphen en kom onderweg bij jou langs, Els." O jee, dacht ik, ik ben niet erg helder, ik wil wel goed voor de dag komen. Ik heb mijzelf opgepept en ze heeft niks gemerkt. We zijn uit eten gegaan en naar de bioscoop, het was erg gezellig. We kregen meer contact en in 1951 zijn we getrouwd, vlak voordat ik voor mijn werk naar Belgisch Congo ging.'

U heeft in twee voormalige kolonies gewoond, bent u met de kennis van nu anders gaan denken over de koloniale overheersing?

'Ik heb de boeken *Congo* en *Revolusi* gelezen, van David van Reybrouck. *Revolusi* heeft mij een veel bredere kijk gegeven op de gebeurtenissen in Indonesië. Ik heb altijd gevonden dat het land veel te groot was voor het kleine Nederland om te besturen en dat het onafhankelijk moest worden. Maar ik had het beter gevonden, ook voor Congo, als de onafhankelijkheid niet zo abrupt was ingegaan. Een overgangstijd van 20 à 25 jaar, waarin de kolonisator kennis en ervaring had overgedragen, was beter geweest. Ik heb zelf tijdens landbouwprojecten die ik later als tropisch landbouwkundige in Indonesië heb begeleid, met veel oudere Indonesiërs gesproken. Meer dan de helft zei dat ze het onder de Nederlanders beter hadden, er was meer zekerheid.'

Wat mist u het meest van wat u nu niet meer kunt?

'Sporten, zoals golfen, wat ik tot drie jaar geleden heb gedaan. Veel buiten zijn, wandelen met de hond. Tijdens die wandelingen ging ik in gedachten altijd naar Afrika en Indië, en dan vormde zich weer een stukje van een roman in mijn hoofd: over een koffieplantage die ik, zo verzon ik, in 1947 in Kenia ben begonnen en waar we in 1966 weer weggingen, omdat we onze kinderen in Nederland wilden laten studeren en mijn vrouw daar een artsenpraktijk kon beginnen. Els is fysiotherapeut, maar arts was haar droombaan. Ik heb mijn roman gedicteerd aan mijn kleinzoon. Ik hoop dat die na mijn dood in boekvorm wordt uitgegeven. Ik heb ook nog een plantage op Java, op de helling van Semeru. Dit is niet echt hè, ook een roman in mijn hoofd.'

Hoe zou u later graag herinnerd willen worden?

'Daar heb ik nog nooit over nagedacht. Ik ben er trots op dat ik het een leven lang zo goed heb met mijn vrouw. Dat is geen verdienste, maar geluk. Wel denk ik dat meespeelt dat we nooit op elkaars schoot zijn gaan zitten, dat we elkaar de ruimte geven. Wat hielp, was dat ik voor mijn werk regelmatig twee maanden weg was van huis, voor projecten in landen als Vietnam, Zuid-

Korea en Indonesië. Elke keer als ik terugkwam, beleefden we opnieuw onze wittebroodsweken. Nu hebben we allebei een eigen appartement in dezelfde flat, we zijn en doen veel samen. Ik kan het iedereen aanraden.'

‘Met geduld krijg je veel voor elkaar’

Marianne Hoefnagels

GEBOREN: 11 december 1921 in Boxtel

‘Moederhuis’ staat er in grote letters boven de toegangsdeur van het klooster in hartje Tilburg, waar zuster Marianne Hoefnagels woont. Waar ze wéér woont, want 79 jaar geleden stapte ze hier voor het eerst binnen om zich aan te sluiten bij de Zusters van Liefde. De in 1832 in Tilburg opgerichte congregatie kiest niet voor een devoot en afgezonderd bestaan binnen kloostermuren, maar voor een actief maatschappelijk leven in onderwijs, armen- en ziekenzorg. In binnen- en buitenland stichtte zij scholen en zieken- en bejaardenhuizen, die op het hoogtepunt gerund werden door tienduizend zusters. Die missie bracht Marianne Hoefnagels naar sloppenwijken in Brazilië, waar ze zich veertig jaar lang inzette om het leven van vooral vrouwen en kinderen te verbeteren.

Als jonge blom sliep ze in dit kloostergebouw in Tilburg op een slaapzaal met schotten tussen de bedden. Een strozak diende als matras. Nu heeft ze een ruim driekamerappartement met een moderne keuken met glanzend witte kastjes. Het verbouwde klooster met zijn brandschone gangen die naar groene zeep ruiken, dient tegenwoordig als onderkomen voor de honderd bejaarde Zusters van Liefde die er in Nederland nog over zijn –

en waarvan de oudste 105 lentes telt. Jonge aanwas is er niet meer. De zusters zorgen nu voor elkaar, met hulp van zorgverleners.

In wat voor gezin bent u opgegroeid?

'In een klein dorp in Brabant, in een fijn gezin met acht kinderen en geweldige ouders. Mijn moeder heeft ons veel geleerd, dingen waar ik nu nog plezier van heb, zoals hoe je netjes moet eten. Mijn vader was boer, een stille man.'

'In mijn jeugd waren er in het dorp drie auto's: een van de smid, een van de slager en de derde was van mijn oom, een man die met alles vooraan wilde staan. De auto van de slager fungeerde ook als taxi voor de dorpelingen.'

'Mijn ouders waren heel religieus. Voordat mijn vader iets nieuws ging doen, sloeg hij altijd eerst een kruis. Op zondagochtend gingen we naar de mis. Dat was verschrikkelijk. De eerste mis was al om 7 uur in de ochtend. Dan moest mijn moeder, die vaak zwanger was, heel vroeg opstaan om achtereenvolgens de koeien te melken, de kleinste kinderen te verzorgen en ontbijt te maken, om daarna met ons naar de kerk te gaan, een halfuur lopen verderop. Je moest, want anders kwam je in de hel terecht. Mijn vader zorgde voor de varkens en de paarden. Hij ging altijd naar de tweede mis, om 10 uur.'

Wat was er zo verschrikkelijk aan de zondagse mis?

'Niet zozeer de mis was verschrikkelijk, maar dat die zo vroeg begon en mijn moeder daarvoor nog veel werk moest doen. Ze was na afloop zó moe. Na de maandelijkse communie, waarvoor ze nuchter, dus zonder eten en drinken, in de kerk moest verschijnen, werd ze altijd ziek. Klagen deed ze nooit. Onze ouders maakten ons kinderen sowieso nooit deelgenoot van hun problemen, zoals de geldzorgen door een veel te hoge huur van ons huis.'

Wat was uw meisjesdroom?
'Ik heb nooit iets anders gewild dan zo dicht mogelijk bij God zijn. Achteraf heeft God zich al op mijn vijfde aan mij geopenbaard. De lerares op de kleuterschool vertelde het lijdensverhaal van Christus. Over hoe hij voor Pilatus en later voor Herodes stond, ter dood veroordeeld werd en niemand iets deed om hem te verdedigen, zelfs de apostelen deden niets. Ik vroeg de juf, zuster Rosaria, waarom niemand het voor Jezus had opgenomen. Daar wist ze geen antwoord op. Thuis stelde ik dezelfde vraag aan mijn moeder. Ook zij wist zich geen raad met mijn vraag.'
Ze raakt geëmotioneerd, met een trilling in haar stem vervolgt ze: 'Dit deed mij zó veel, ik was zo verontwaardigd dat niemand in opstand was gekomen tegen het vonnis. Dat dit mij raakte, was een eerste teken dat God mij riep. Op mijn vijftiende wist ik dat ik zuster wilde worden in een klooster.'

Wat vonden uw ouders daarvan?
'Ze zeiden dat ze kinderen niet hebben gekregen om te houden, maar vonden mij nog veel te jong. Op mijn achttiende, toen ik weer thuis kwam na vier jaar als kindermeisje te hebben gewerkt in een gezin, vertelde ik nu het klooster in te willen. Mijn moeder zei: "Wacht nog maar even, je hebt nog niks van de wereld gezien." Maar toen brak al snel de oorlog uit. Ik kon nergens heen en er was niks te doen. In 1942 ben ik ingetreden bij de Zusters van Liefde. Het betekende dat ik al mijn spullen moest achterlaten en niet meer terug naar huis kon. Het eerste jaar mocht mijn familie mij één keer opzoeken, daarna twee keer per jaar.'

Wat voor voorstelling had u van een leven als zuster?
'Ik had geen idee en dacht: ik zie wel. Na de religieuze opleiding van 4,5 jaar kreeg ik de opdracht het klooster schoon te houden. Ik had de leiding over het schoonmaakteam, twintig jaar lang heb ik alles gepoetst.' (Ze zucht diep.) 'Dat deed ik niet graag. Zodra

ik mijn schort kon afdoen en naar de kapel ging om te zingen en bidden, was ik gelukkig. En toen, op mijn veertigste, kwam mijn tweede roeping. Dat werd de mooiste tijd van mijn leven. Ik kreeg van het bestuur de opdracht als missionaris naar Brazilië te gaan.' (Ze straalt van oor tot oor.) 'Ik kreeg te horen dat je in Brazilië met vier jaar lagere school onderwijzer mocht zijn. Nou, ik had er zeven gehad.'

Was u toen eindelijk af van al het gepoets?

'Ik kreeg de huishouding van het ziekenhuis dat we gingen oprichten onder mijn hoede. Ik heb veel meisjes uit arme gezinnen leren werken. In de stad in het noordoosten van Brazilië waar we aan de slag gingen, Santa Rita, was geen school en niet één ziekenhuis, kraamzorg was er ook niet. Met hulp van de eigenaar van een rietsuikerplantage hebben we een ziekenhuis gebouwd. Na twaalf jaar ging ik met nog een paar zusters midden in een sloppenwijk wonen. We hadden een klein kamertje met twee stapelbedden en zonder stromend water. 's Avonds brandden we kaarsen, omdat de elektriciteit vaak uitviel. Ik organiseerde activiteiten voor kinderen van prostituees, om ze van de straat te houden. Ook gaf de kerk mij de opdracht naailes te geven aan prostituees. Maar die bleken 's nachts te werken en overdag te slapen. Er kwamen toen andere vrouwen die graag kleding wilden leren maken. Dat ben ik toen gaan doen. Zo hielpen we deze armen zelf geld te verdienen.'

Aan welke vrouw denkt u nog wel eens terug?

'Marlenie, een vrouw met vijf kinderen en een man zonder werk, die veel dronk. Ze stond op het punt de prostitutie in te gaan. Iemand had haar naar mijn cursus gestuurd. Ze had er feeling voor. Ik zag haar veranderen in een levendige, blije vrouw. Ze ging de kleding verkopen en is niet de prostitutie in gegaan. Later kon ze voor het ziekenhuis werken en kreeg ze een vast salaris en pensioen. Toen ik in 2001 op mijn tachtigste terugkeerde naar Nederland, zijn we brieven gaan schrijven en de laatste tijd bellen we elkaar.'

Welke levenslessen heeft u geleerd van uw werk in de sloppenwijken?
'Dat je met geduld veel voor elkaar krijgt. En met mensen in armoede kun je het beste overweg als je niks vreemd vindt en doet alsof hun manier van leven heel gewoon is.'

Was uw keuze voor de Zusters van Liefde ook een manier om als vrouw maatschappelijk actief te kunnen zijn? In uw tijd was het immers trouwen en huismoeder worden.
'Mensen in mijn omgeving zeiden vaak: je moet trouwen en kinderen krijgen, maar ik wist zeker dat mijn leven anders moest verlopen. Ik wilde iets betekenen voor anderen.'

Hoe kijkt u naar de ontkerkelijking in deze tijd?
'De kerk heeft veel dingen fout gedaan, zoals die vroege mis om 7 uur zondagochtend en het dreigen met de hel. Er gaan tegenwoordig veel minder mensen naar de kerk, maar ze geloven nog wel.'

Hoe zien uw dagen er tegenwoordig uit?
'Ik kan niet veel meer, want ik hoor en zie slecht. Ik sta om 7 uur 's ochtends op. Na het wassen en aankleden ga ik een halfuur mediteren en dan maak ik een boterham klaar. Wat jullie in vijf minuten doen, daar doe ik drie kwartier over. Na de afwas ga ik in de huiskamer koffie drinken. Daar hoor ik het laatste nieuws, want de krant lezen gaat niet meer. Drie keer per week volg ik via de tv onze mis in de kapel, hier in het klooster, soms ga ik er ook naartoe. Ik bid voor vluchtelingen op zee. Verder rommel ik een beetje aan, doe ik een middagslaapje en daarna komt zuster

Ursula (88 jaar, *red.*) mij voorlezen. Warm eten doe ik liever alleen op mijn kamer. Omdat ik slecht zie, ben ik bang dat ik knoei.'

Hoe vindt u het om 100 jaar te zijn?

'Het gaat vanzelf. Als ik eerder had kunnen gaan, was het goed geweest. Het is klaar, want ik kan niks meer voor een ander doen. Misschien dat er mensen zijn die iets hebben aan dit interview.'

‘Wie denkt: ik kan niet zonder mijn vrouw, is verkeerd bezig’

Johannes van der Harst

GEBOREN: 11 april 1922 in Voorburg

Met pretoogjes en soms schaterlachend geeft Johannes van der Harst een inkijkje in zijn lange leven. Honderd jaar vindt hij zelf ook erg lang. Een groot deel van zijn leven was hij maatschappelijk zeer actief. Zijn baan bij Shell vond hij maar bijzaak. Zo zette de natuurkundige zich als lid van de kerkenraad van de hervormde kerk in voor toenadering tussen hervormden en gereformeerden, en later ook met moslims en boeddhisten. In de jaren tachtig trok hij als vredesactivist ten strijde tegen de plaatsing van kernwapens in Nederland, en liet zich tijdens een protestactie tegen de apartheid in Zuid-Afrika aan een hek vastbinden. Na de val van de Muur trok Van der Harst door Oost-Europa om banden met inwoners en steden te smeden. Zijn oudste zoon noemt hem een ‘vredesapostel’.

In het lichte en ruime appartement in een Haags verzorgingshuis zijn, waar je je ook bevindt, boeken over filosofie en geschiedenis binnen handbereik. Aan de wand hangt een portret van de theoloog en filosoof Erasmus. De fraaie antieke muziekstandaard met werken van Bach erop, herinneren aan zijn overleden vrouw, die violist was.

Hoe heeft u het voor elkaar gekregen 100 jaar te worden?
'Rustig doorleven, geen uitersten opzoeken en je niet overmatig hechten. Als je zegt: "Ik kan niet leven zonder mijn vrouw, als zij doodgaat val ik in een diep gat", dan ben je verkeerd bezig. Dat moet je niet hebben. Mijn vrouw is twee jaar geleden overleden en het klinkt misschien onaardig, maar ik heb het sindsdien nog steeds goed naar mijn zin.'
'Mijn vrouw was fysiek sterk, maar de laatste jaren was het afgelopen met haar geest. Ze was heel muzikaal en speelde viool. In de levensverhalen van sprekers op haar begrafenis kwam mijn naam niet één keer voor. Het ging alleen over muziek.' (schaterlach) 'Dat trok ik mij niet aan, ik ben nu eenmaal een nuchter mens. En hoewel ik nuchter ben, heb ik de godsdienst niet helemaal weggegooid. Er is iets wat boven de mens uitstijgt. Onze voorouders hebben daar een invulling aan gegeven en dat hoeven we niet los te laten, want dan heb je helemaal niks meer.'

Hoe deed u dat, ruim 60 jaar getrouwd zijn zonder u al te veel aan uw vrouw te hechten?
'Door een beetje op afstand te blijven. En mijn eigen gang te gaan. Dat is een kwestie van karakter, denk ik.'
Hij drinkt van zijn thee en blijft een moment in gedachten verzonken. De warme drank brengt een herinnering naar boven. 'Mijn moeder was fel tegen echtscheiding. Zelf was ze jong weduwe geworden – met twee kleine kinderen, ik was 2 jaar – en is dat altijd gebleven. Haar broer Piet was getrouwd met tante Jaantje, maar werd verliefd op Els, dochter van de familie Jansen, een grote thee-exporteur met theeplantages in Indonesië. Ik vond Els een aardige vrouw, want toen ik in 1943 mijn studie natuurkunde onderbrak en besloot onder te duiken bij familie in Ommen om aan de *Arbeitseinsatz* te ontkomen, regelde zij extra voedselbonnen voor mij, zodat ik genoeg te eten had. Oom Piet scheidde tot weerzin van mijn moeder van Jaantje en trouwde

met Els. Als man zijnde denk je: het bloed kruipt waar het niet gaan kan.'

Wat mist u het meest van wat u nu niet meer kunt?

'Fietsen, zwemmen en tennissen, en de gezelligheid die daarbij kwam kijken. Ik mis alle contacten van de clubjes waar ik lid van was, zoals de tennisclub en de filosofieclub. Ze zijn allemaal dood. Alleen Jos, het jongste lid van onze filosofieclub, leeft nog. Hij komt nog eens in de drie weken op bezoek en neemt de natuurkundetijdschriften mee waarop ik geabonneerd ben. Je contacten op deze leeftijd moet je bij jongeren zoeken. Ik heb gelukkig twee lieve zoons die vaak langskomen.'

'Het leven is lastiger door wat ik allemaal niet meer kan. Bewegen gaat moeizaam, lopen kan ik niet meer. Om bij de eettafel te komen ben ik vijf minuten bezig met mijn rolstoel. Zo langzamerhand mag mijn leven ophouden. Ik ben wel klaar.'

Hoe ziet uw gemiddelde dag eruit?

'Ik heb het erg druk. Ik heb de gewoonte te ontbijten. En dat ontbijt komt steeds later, daarna komt de koffie en als ik die op heb, is het alweer lunchtijd. In de middag ga ik rusten. Na het avondeten om 17 uur kijk ik het nieuws en dan begint mijn vrije tijd. Die breng ik lezend door, vaak wel tot 1 uur in de nacht. Nu lees ik dat dikke, ingewikkelde boek dat op het tafeltje naast jou ligt: *De uitvinder van de natuur, het avontuurlijke leven van Alexander von Humboldt*. Een heel bijzondere man, die op zijn reizen naar onder andere Zuid-Amerika de natuur die hij zag exact beschreef. Hij heeft als eerste de grote eenheid in de natuur opgemerkt, dat alles met elkaar samenhangt. Hij was een intelligente man. Alles wat hij las, kon hij onthouden. Zijn schoonzus zei dat hij daarom wel gek zou worden, maar dat is niet gebeurd.'

'Ik lees dus veel. Ik heb een abonnement op *Trouw*, maar de krant lees ik steeds minder. Al het nieuws lijkt op elkaar. Alleen Poetin zorgde even voor variatie, maar die berichten beginnen ook steeds meer op elkaar te lijken.'

Hoe ziet u de oorlog in Oekraïne?
'Er zit iets heel geks bij de Russen. Ze moeten per se alles anders doen dan het Westen. Ze voelen zich achtergesteld en willen zich bewijzen als grootmacht. De machthebbers denken dat zij de enige zijn die het bij het rechte eind hebben en dat wij in het Westen gek zijn. Landen die tussen Rusland en de Navo-landen in liggen, zoals Oekraïne, hebben een moeilijke positie. West-Europa grijpt nu niet in, uit angst dat Rusland ook ons zal aanvallen.'

Is die angst terecht?
'Ja, ik denk van wel. Poetin hoopt dat het Westen ingrijpt, want dan kan hij zeggen: ze vallen ons aan. Daar moet het Westen zich niet toe laten verleiden, want dan hebben we een Derde Wereldoorlog. Dat is gevaarlijk omdat de kans bestaat dat Rusland nucleaire wapens gaat gebruiken.'
'Ik heb natuurkunde gestudeerd en tijdens die studie leerde ik al hoe gevaarlijk radioactiviteit is voor het leven op aarde. Maar vandaag heb ik een ontdekking gedaan. Het zit zo: we zijn nu bezig te leren leven met radioactiviteit. Dat is de volgende stap in de ontwikkeling van de mensheid. Het zal nog wel tienduizend jaar duren voordat het mogelijk is, maar het begin is er. Ik geloof dus niet dat een nucleaire oorlog een einde aan het leven op aarde zal maken. Mocht het zover komen dat er kernwapens worden gebruikt, dan is er dus nog hoop voor de mens.'

Hoe heeft u dat vandaag ontdekt?
'Ineens kwam die gedachte in mij op. Dat is de creativiteit van mijn denken. Dat er in de besmette omgeving van Tsjernobyl weer planten groeien, bewijst dat de natuur met die radioactieve

straling leert leven. Na een nucleaire ramp is het niet meer één doffe ellende. De natuur blijkt sterker dan radioactiviteit.'

Wat dreef u om tijdens de Koude Oorlog actief te worden in de vredesbeweging?

'Ook toen was er een reële dreiging van een nucleaire oorlog, tussen Rusland en Amerika. Als natuurkundige was ik goed op de hoogte van het gevaar van radioactieve straling. Het Interkerkelijk Vredesberaad (IKV) werd opgericht om tegen oorlog en kernwapens te strijden. Ik dacht: daar moet ik bij zijn. Ik ging vergaderen en demonstreren in Amsterdam en Den Haag, tegen de plaatsing van 48 kernwapens in Nederland. Ik werd voorzitter van de Haagse afdeling van het IKV. Toen de regering na die massale demonstraties niet door de knieën ging, voerden we een handtekeningenactie, met briefkaarten die we huis-aan-huis verspreidden. We haalden 3,75 miljoen handtekeningen op.'

Hij tuurt naar een verjaardagskaart op de salontafel, met een goudkleurige '100' erop. 'Die is van Tanya, uit Canada. Ik ontmoette haar tijdens mijn eerste reis door de toenmalige Sovjet-Unie. Al na een paar minuten vroeg ze mijn adres. Dat vond ik een beetje raar, maar ik gaf het toch. Een paar weken later stond ze met haar man bij ons in Den Haag op de stoep. Ze waren gevlucht en wilden bij ons intrekken. Ik zat eerlijk gezegd niet te wachten op een langdurig verblijf in ons huis. Gelukkig had ze familie in Canada. Toen heb ik ervoor gezorgd dat ze na een paar weken die kant op konden, en daar hebben ze een nieuw leven opgebouwd. Zo waren wij voor hen de poort naar een leven in vrijheid.'

Als activist tegen de apartheid in Zuid-Afrika was u bepaald geen watje, begreep ik van uw oudste zoon.

(schaterlach) 'Hij hoort graag het verhaal dat ik mij bij een actie tegen Shell, die actief was in Zuid-Afrika, liet vastbinden aan een hek. Niet aan het hek van Shell zelf, maar van een overheidsgebouw ernaast. Ik hoopte dat niemand van Shell mij zou zien, want ik werkte daar bij de chemische tak. De goden waren mij gelukkig goed gezind. Het was 1981, een jaar later ging ik met pensioen. Op die leeftijd ga je kennelijk gekke dingen doen.'

'Ik heb mijn hele loopbaan bij Shell gewerkt. Mijn baan vond ik altijd van secundair belang. Werken voor de vrede, daar draaide mijn leven om.'

'Ik zal eens aan mijn zoons vragen hoe zij de toekomst zien. Daar heb ik eigenlijk nog nooit met ze over gesproken. Het zijn geboren optimisten. Ik moet het er toch eens met ze over hebben.'

‘Ik heb nog zoveel plezier in het leven, ik wil wel 200 jaar worden’

Dora van Ditshuizen

GEBOREN: 23 december 1921 in Spaubeek

Ze voelt zich de jongste van het verzorgingshuis waar ze woont, maar dat is Dora van Ditshuizen met haar 100 jaar beslist niet. Het zal te maken hebben met haar energie en vrolijke inborst. Tot drie maanden geleden woonde ze nog zelfstandig. Ze zag er bepaald niet naar uit haar ruime driekamerappartement in te ruilen voor één kamer in een zorgcomplex ‘met al die ouwe lui’.

Hoe gaat het met u?

‘Goed. Beter dan voorheen. Drie maanden geleden ben ik naar dit verzorgingshuis verhuisd. Ik zag er enorm tegen op. Ik woonde in een royaal appartement en deed alles zelf, ook koken. Maar toen ik in het ziekenhuis terechtkwam met een maagbloeding en een verschoven heup door een val, zeiden mijn kinderen: en nu is het afgelopen. Ze schreven mij in voor dit verzorgingshuis, maar ik moest nog een jaar wachten voordat er plek was. In dat jaar hing ik futloos in een stoel.’ (Ze doet na hoe; gaat scheef hangen, het hoofd schuin naar achteren, mond open, ogen dicht. Na haar act volgt een uitbundige schaterlach.)

En nu zit u hier, energiek en opgewekt honderduit te vertellen.

'Ja, ik heb plezier in het leven. Dat blijft zo zolang ik geestelijk gezond ben, kan praten en lachen en een wijntje kan drinken. Zo wil ik naar het einde hobbelen, dat van mij nog wel 100 jaar mag duren. Vorig jaar heb ik een paar flinke klappen gehad, maar in dit huis ben ik opgeknapt, ik heb het goed hier. Het personeel is vriendelijk, het eten is goed verzorgd, ik kom niks tekort. Alle oudjes die sikkeneurig thuis zitten, raad ik aan: ga naar een verzorgingshuis. Daar is van alles te doen en 's avonds krijg je weleens een kroketje.'

U zag er wel tegen op.

'O ja. Wat moest ik in zo'n kleine kamer tussen al die ouwe lui? Ik was vergeten dat ik zelf oud ben. En het deed mij pijn bijna alle meubels en spulletjes die ik in een heel leven had opgespaard, weg te moeten doen. De eerste dag op dit kamertje was ik er ziek van. Wat moet ik hier beginnen? De volgende dag was ik eroverheen. Ik pas mij makkelijk aan.'

Welke spullen die u heeft moeten wegdoen, mist u het meest?

'De bidprentjes van mijn ouders en mijn man. Die pakte ik vaak. Er staat op wanneer en waar ze zijn geboren en overleden. Ik kan ze nergens meer vinden. De ingelijste foto van mijn broer Piet in zijn uniform is ook weg. Ik kom uit een gezin met negen kinderen, acht meisjes en één jongen. Piet is een paar jaar voor de oorlog als marinier naar Amerika vertrokken. Acht jaar lang hoorden we niets van hem, we dachten dat hij dood was. We wisten niet dat hij in het Amerikaanse leger tegen de Duitsers vocht, eerst in Frankrijk, toen in België en daarna in Nederland. Na de Slag om Arnhem is hij ons gaan zoeken. Piet vond ons in Rozendaal, waar we bij de evacuatie van Arnhem waren ondergebracht in een kamer in een groot huis. Nu zit ik weer op een kamer. Waar zouden de bidprentjes en de foto van mijn broer zijn gebleven? Ik zal mijn kinderen eens vragen.'

Uw kinderen zijn inmiddels ook op leeftijd. Verandert leeftijd de relatie tussen moeder en kind?
'De oudste van de drie is nu 76, de jongste 59, een nakomertje. De relatie verandert niet, ik blijf ze zien als kinderen. Ik geef ze nog regelmatig advies, zo van: dat kun je ook zus of zo doen. Ze mogen zelf weten of ze er iets mee doen. Verder bemoei ik mij niet met hun leven.'

Hoe kijkt u terug op uw jeugd?
'Ik ben geboren in Spaubeek, mijn vader werkte als machinist en bankwerker in een steenfabriek. Op mijn 7de werd hij overgeplaatst en verhuisden we naar Arnhem. Ik heb een goede jeugd gehad. We hadden het niet breed, maar ik wist niet beter. Ondanks haar dagelijkse zorgen of er wel voldoende eten was, was mijn moeder altijd vrolijk, een schat van een mens. Als ze nog maar 1 dubbeltje in haar portemonnee had en er kwam iemand met een collectebus langs, dan stopte ze daar haar laatste muntje in. Pas later besefte ik: de stakkerd, altijd arm en dan negen blagen opvoeden. Als ze nog maar net was bevallen, kwam de pastoor al langs met de vraag wanneer de volgende kwam. Een keer is ze zo boos op hem geworden dat ze uitriep: "D'r uut! Als je meer kinderen wilt, moet je ze zelf maar maken!"' (schaterlach)
'Nadat mijn vader was overleden, heb ik mijn moeder vaak in huis genomen, om iets terug te doen voor haar. Ze schilde de aardappelen en genoot van haar kleinkinderen. Ik werkte hard voor de kost. Mijn man en ik runden samen een brandstoffenhandel. Ik noteerde de bestellingen voor eierkolen, antraciet en briketten en bediende klanten aan huis, Theo bracht de grote bestellingen rond. Na een paar weken logeren zei mijn moeder:

“Ach deerntje, ik ga maar weer eens naar huis.” Enkele dagen later stond ze weer op de stoep: “Heb je de koffie al klaar?”’

Bent u getrouwd uit liefde of omdat je als vrouw nu eenmaal weinig keus had in die tijd?
‘O nee, uit liefde. Als je dit verhaal hoort, zul je mij niet geloven. Ik was 11 jaar en elke middag kwam een man op school een grote ketel met warm eten voor de nonnen brengen. Op een dag nam hij zijn zoon mee, van een jaar of 13, 14. Wat een leuk jungske met zijn donkere ogen, dacht ik, en werd op slag verliefd. Er gingen jaren voorbij waarin ik hem niet meer zag, en toen werd op 31 januari 1938 prinses Beatrix geboren. Om dat te vieren was er een grote optocht in Sonsbeek. Ik ging er met een vriendin naartoe. Aan de overkant van de straat stonden twee jongens naar ons te lonken. Ze vroegen of we meegingen ergens wat drinken. Kom op, zei ik tegen die vriendin, dat gaan we doen. Met een van hen, Theo, sprak ik daarna vaker af. Op een dag vroeg hij op welke school ik had gezeten. En zo kwamen we erachter dat hij dat jongetje was dat zijn vader hielp met het rondbrengen van de ketels warm eten. Ik heb hem nooit verteld dat ik op de lagere school al verliefd op hem was, ik vreesde dat hij zou denken: die is gek!’

Was u zo groen als gras toen u trouwde, of had u seksuele voorlichting gehad?
‘We waren vaak samen. Mijn moeder was daar bezorgd over en zei: “Laat hem niet aan je lijf komen. Pas helemaal op dat hij je niet van onderen aanraakt, je weet waar kinderen van komen.” Maar daar wist ik helemaal niks van, en ik mocht er pas iets over horen als ik getrouwd zou zijn. Haar waarschuwingen maakten mij bang. Ik sprak erover met Theo. Hij zei dat hij mijn moeder wel begreep en dat we zouden wachten tot we getrouwd waren. Ik begrijp niet waarom ze in die tijd zo moeilijk deden.’

Hoe was de eerste keer seks, als jullie beiden van toeten noch blazen wisten?
Schaterlachend: 'Dat ging helemaal vanzelf.'

Heeft u uw eigen kinderen wel voorgelicht?
'Ik heb ze alles verteld. Ook heb ik mijn dochters voorbereid op hun eerste menstruatie en gezegd waar ze maandverband konden vinden als het zover was. Daar wist ik als meisje ook niets van. Ineens begon ik hevig te bloeden, ik schrok en dacht dat ik doodging. Ik snelde naar mijn moeder. Het enige wat ze zei was: "Ga maar naar Liesje, die helpt je wel." Mijn oudere zus gaf mij een paar lappen. Ik vroeg Liesje wat er aan de hand was. "Het is ongesteldheid, dit krijg je elke maand," zei ze. "Nee, elke maand?!" riep ik uit.'

Zou u in deze tijd jong willen zijn?
'Natuurlijk. De jeugd van nu loopt erbij om door een ringetje te halen. Ik kreeg nooit nieuwe kleren, droeg de jurken van mijn oudere zussen af. Ik wist niet beter. En als ik zie dat jonge meiden van nu gezellig met elkaar op vakantie gaan, helemaal naar Spanje of Italië, heerlijk. Daar hadden wij het geld niet voor. Er zijn zelfs jongeren van 18 jaar die al een auto hebben. Ik kreeg op mijn 17de mijn eerste fiets. Auto's zag je nog helemaal niet in de straat, nu staan ze er vol mee.'

Wat vindt u van het huidige kabinet, met de helft vrouwen?
'De helft vrouwen vind ik goed, waarom niet? Vrouwen hebben evenveel capaciteiten als mannen. En is hij weer gekozen, die man met die bril, hoe heet hij ook alweer?'

Bedoelt u Mark Rutte? Die is weer premier.
'Rutte, ja. O, gelukkig dat hij weer premier is. Hij heeft er goed de hand in. Als ik stem, stem ik op Rutte. In ons land hebben we het goed, er wordt goed voor ons gezorgd. Dat komt door hem.'

Het is bijna 12 uur, ze moet naar de eetzaal waar het warme eten zo wordt opgediend. Dora van Ditshuizen praat geanimeerd door tot de laatste seconde. ‘Ach ja, zo is het leven, meid. Een mens vergeet een hoop. Ik onthoud vooral de leuke dingen.’

‘Ik bemoei mij nergens mee, dan krijg je ook geen ruzie’

Jan Pruim

GEBOREN: 14 juni 1922 in Rotterdam

Al 73 jaar woont Jan Pruim in een noodwoning, gebouwd in het naoorlogse Rotterdam-Zuid. De helft van zijn wijk De Wielewaal is de afgelopen jaren gesloopt, een groot deel van de nog resterende huizen is dichtgetimmerd. De 100-jarige is een van de laatste bewoners van het tuindorp. Tijdens zijn werkende leven was hij er wijkagent, in een tijd waarin iedereen nog sidderde voor de politie.

Hoe is het om in een deels gesloopte en verlaten woonwijk te wonen?

‘Ik ben heel tevreden met mijn woning, waar ik een gelukkig leven heb geleid met mijn vrouw en twee dochters. De jongste is hier geboren. Ik geniet van mijn tuin, als ik vanuit mijn stoel naar buiten kijk, zie ik alleen maar groen. Natuurlijk zou ik liever zien dat de wijk bewoond is, dat is veel gezelliger, maar ik heb mij nooit zoveel met de mensen hier bemoeid, ik bemoei mij nergens mee, dan krijg je ook geen ruzie. Die houding stamt nog uit mijn tijd als wijkagent.’

‘Bijna de helft van tuindorp De Wielewaal is inmiddels gesloopt, van de woningen die er nog staan, is eenderde bewoond. Bij de leegstaande huizen hebben ze de vloeren eruit gehaald, om kraken te voorkomen. De ene woning naast mij staat al een paar jaar leeg en aan de andere kant woont nu tijdelijk een man alleen. Ik begrijp wel dat sloop nodig is. De woningen zijn versleten. Ze zijn in 1949 voor 25 jaar neergezet als semipermanente noodwoningen. Er wonen vooral arbeiders, ze krijgen allemaal een nieuw onderkomen, het is alleen de vraag of de huur betaalbaar is.'

En u, moet u binnenkort ook uw huis uit?
'Ik ben 100 jaar, ik ga niet meer verhuizen. Ik laat mij alleen nog liggend verplaatsen, als je begrijpt wat ik bedoel. Ik hoop dat ik hier nog 2 à 3 jaar kan blijven wonen. Ik ben spekkoper als ik de 103 nog haal.'

Hoe was het om in uw eigen wijk politieagent, dus de boeman te zijn?
'Er waren rotzakken bij voor wie ik de vijand was, op die enkeling na was het hier goed publiek. In mijn tijd was het verplicht te wonen in de wijk die je als agent onder je hoede had, daar is men later gelukkig van teruggekomen. Als ik mijn overbuurman een overtreding zag begaan, kon ik hem niet met goed fatsoen bekeuren. Dan riep ik: "Hé Henk, moven."'
'Soms deed ik fietslichtcontrole. Daar werd streng op gehandhaafd. Ik herinner me een man die ik op zondagavond staande hield. "Uw achterlicht doet het niet," zei ik, "het draadje hangt los. Als u het nu meteen repareert, laat ik u gaan." Dat weigerde hij, want op zondag mocht hij niet werken. Dus kreeg hij een bekeuring. Hij bleek dominee te zijn, maar ik maakte geen onderscheid tussen wie dan ook.'
'We waren als gezin wel eenlingen in de wijk. Onze kinderen hadden we expres op een school buiten De Wielewaal gedaan, omdat ze anders misschien geplaagd zouden worden met een vader als wijkagent. Ik hield afstand tot mijn buurtgenoten, want

ik moest neutraal zijn, mijn vrouw deed dat daardoor ook. Wel hadden we veel aanloop, omdat we de enigen waren met een telefoon. Ik heb mijn werk altijd met plezier gedaan, het leukste was het kletsen met de mensen. Ik moest goed geïnformeerd zijn, want een agent is een sociaal werker. Die praatjes mis ik, er zijn nu dagen dat ik niemand spreek.'

Wat waren de overtredingen en misdrijven die u moest aanpakken?

'O, heel anders dan nu. Er waren natuurlijk ook burenruzies en klachten over geluidsoverlast, maar drugscriminaliteit was er nog amper. Mijn bijnaam was "Pruimpie de ballenjatter". Jongens voetbalden vaak in de tuinen en op het gras tussen de huizen, soms deden de vaders 's avonds na hun werk mee. Dat mocht niet, het stond in de plaatselijke verordening. Er ging wel eens een ruit kapot. Als ik ze betrapte, greep ik in en nam de bal in beslag. Die ging naar het hoofdbureau en kregen ze niet meer terug.'

'Ik werd ook ingezet bij stakingen in de haven, we moesten voorkomen dat er rellen uitbraken. De polder grenzend aan deze wijk, tot aan Rhoon, hoorde ook bij mijn gebied. Met mijn politiehond, een Hollandse herder, moest ik uitkijken naar stropers. Die jaagden op alles wat leefde, mollen vingen ze voor hun velletjes. Als ik een stroper op heterdaad betrapte, heette dat een "mooi verbaaltje", want dan kreeg je een goede beoordeling van de baas. Ieder proces-verbaal begon ik met: "Ik, Jan Hendrik Pruim, hoofdagent van de gemeentepolitie, tevens onbezoldigd rijksveldwachter..."'

Bent u wel eens in een penibele situatie beland?

'Ik was nog een broekie toen ik tijdens een voetsurveillance – een fiets hadden we nog niet – 's avonds laat een vrouw hoorde schreeuwen als een mager varken: "Help, help!" Ik eropaf. Ze stond op straat. "Mijn man slaat me," riep ze. Haar voordeur stond open, dus ik naar binnen. Ik sprak die man aan op zijn gedrag en binnen de kortste keren waren we in gevecht, we rolden over de bank. Zijn vrouw kwam binnen, zag dat ik haar man een klap gaf en sprong op mijn rug: ik mocht hem niet slaan, zei ze. Zo werd ik van twee kanten belaagd. Gelukkig sloegen de buren alarm en kwamen twee collega's mij assisteren. De man belandde in de cel, waar hij een etmaal moest blijven. Ik fouilleerde hem en wat denk je dat hij bij zich droeg? Een entreekaartje voor een heel belangrijke wedstrijd van Feyenoord. Die miste hij dus, dat vond hij verschrikkelijk.'

Wie was uw grote liefde?

'Mijn meisje Jet. We leerden elkaar kennen in het volkshuis toen we 14 jaar waren en kregen verkering. In het volkshuis kon je cursussen volgen en in de zomer ging je op kamp. In de oorlog hebben we elkaar lange tijd niet gezien, want ik zat ondergedoken op een boerderij in Brabant, waar ik meewerkte op het bedrijf. Later hield ik mij schuil bij mijn ouders. Als er razzia's waren, kon ik mij verstoppen in een grote kolenkist, waarin ik een dubbele bodem had gemaakt. Ik ben gaaf de oorlog doorgekomen. Meteen na de bevrijding zijn Jetske en ik getrouwd, met vijftig stellen tegelijkertijd op het stadhuis van Rotterdam. Het was lopendebandwerk, allemaal uitgestelde huwelijken. Door de woningnood hebben we eerst een paar jaar bij mijn ouders ingewoond, waar mijn oudste dochter werd geboren. In 1949 konden we terecht in De Wielewaal. Het was een goed huwelijk, we hebben niet één keer ruzie gemaakt. Van onze twee dochters is de oudste – die in Frankrijk woonde – overleden en de jongste woont in Zuid-Afrika. We bellen geregeld.'

In wat voor gezin bent u opgegroeid?

'Ik ben geboren in Rotterdam-Zuid en hier altijd blijven wonen. Mijn ouders werkten hard, de sfeer thuis was goed. Mijn vader werkte bij de politie en begon later een winkel met elektrische apparaten. Mijn moeder was heel handig, zij maakte al onze kleren en heel mooie dameshoedjes, om bij te verdienen. Ik was de jongste van drie. Er was geen armoede, we hadden schoenen en fatsoenlijke kleren. Na de lagere school ben ik huisschilder geworden. Ik heb altijd met mijn handen willen werken, in studeren had ik geen interesse. Toen na de oorlog het werk als schilder niet voor het oprapen lag, besloot ik politieman te worden, want dat beroep bood wel kans op een baan en er was een verkorte opleiding vanwege personeelsgebrek. Ik moest het Wetboek van Strafrecht uit mijn hoofd leren en allerlei wetjes, zoals de jachtwet en de mollen-, egels- en kikvorsenwet, die bestaan nog steeds.'

Hoe is het voor u om 100 jaar te zijn?

'Dat sommige mensen 100 jaar worden, dat bestaat toch niet? Ik heb geluk gehad, heb wel altijd gezond geleefd.' (Hij slaat op zijn platte buik.) 'Ik mag niet over de 70 kilo, dus ik let op wat ik eet; een man met een bierbuik vind ik zo'n lelijk gezicht. Als agent liep ik dagelijks vele kilometers. Na mijn pensioen heb ik een racefiets gekocht, waarmee ik tot mijn 90ste lange tochten heb gemaakt. Ik maak nog dagelijks kniebuigingen, mij vasthoudend aan het aanrecht. En ik heb nooit gerookt, dat vond ik smerig. In Rotterdam-Charlois was ik de enige agent die niet rookte. Mijn vader rookte als een ketter, elk jaar moesten de muren en het plafond gewit omdat ze geel waren uitgeslagen.'

'Ik ben kerngezond, maar ervaar deze leeftijd als een grote handicap. Mijn enige fysieke euvel is dat ik slecht loop, ik heb een stok nodig om in evenwicht te blijven. Daarom heb ik vorige maand besloten dat ik het laatste ritje in mijn auto heb gemaakt. Ik ben bang te vallen bij het uitstappen. Moeilijker vind ik dat ik niet meer kan klussen en mijn tuin onderhouden, dat is een groot gemis. Vorig jaar ben ik tijdens het tuinieren twee keer gevallen, de eerste keer heb ik een paar uur op de grond gelegen.

Ik hoopte maar dat het niet zou gaan regenen. Uiteindelijk wist ik overeind te krabbelen. De tweede keer had ik gelukkig een alarmknop om en kwam mijn overbuurman mij helpen.'

'Kijk eens naar die heg, hij moet nodig gesnoeid. Deze week heb ik toch een klein stukje gedaan, maar durfde niet verder, bang om weer te vallen. Ik denk dat ik de verleiding niet kan weerstaan en binnenkort toch de heg in de voortuin ga knippen. Nee, lui ben ik nooit geweest.'

‘De jaren gaan vanzelf en ik huppel erachteraan’

Maria Vlieger

GEBOREN: 1 september 1921 in Meliskerke

De verlegen Maria Vlieger woont op nog geen tien kilometer afstand van haar geboortedorp, in een verzorgingshuis in Middelburg. Bij binnenkomst in haar kamer valt het oog meteen op een grote zwart-witfoto van haar ouders met hun zes kinderen, eind jaren twintig van de vorige eeuw. Maria’s moeder en drie oudere zussen zijn uitgedost in de klederdracht van het Zeeuwse eiland Walcheren met bloedkoralen halskettingen – de kleine Maria niet. ‘Mijn moeder had geen zin om wéér een nieuw kostuum te naaien.’ En dat vond Maria wel best, want ze zag elke ochtend hoe haar zussen puffend hun bovenlijf in het strakke jak wurmden en de lange haren onberispelijk onder het kanten mutsje moesten zien te draperen.
Ze had nooit gedacht op haar 99ste nog in een verzorgingshuis terecht te komen, maar ze schikt zich er maar in, ‘want dan is het minder erg’. Soms giechelend vertelt ze haar levensverhaal.

Hoe is het om 100 jaar te zijn?
‘De jaren gaan vanzelf door en je huppelt erachteraan, daar hoef je niks bijzonders voor te doen. Als je niks mankeert en nog in staat bent wat te doen, is het leuk om 100 jaar te zijn. Ik kan nog

lezen en handwerken en ben net begonnen aan het haken van een roze varken. Ik had nooit gedacht dat ik in een verzorgingshuis terecht zou komen. Nadat ik 1,5 jaar geleden thuis was gevallen, kwam ik hier terecht. Dat vond ik helemaal niet erg, want ik dacht dat het maar voor even was en ik snel weer terug naar huis zou gaan. Ik woonde nog zelfstandig en dat ging heel goed, ik deed alles zelf. Maar door die val was mijn rechterbeen op twee plaatsen gebroken. De arts zei dat hij er niks aan kon doen. Nu kan ik nog maar moeilijk lopen en heb ik geregeld pijn. "Neem maar een paracetamolletje," zei de arts, maar dat is natuurlijk geen oplossing. Dus woon ik hier nog steeds.'

U bent een Zeeuwse. Weet u dat de meeste 100-jarige Nederlanders in Zeeland en Drenthe wonen?

'O ja? Hoe armer, hoe beter je leeft, kennelijk. Wie arm is, moet alles zelf doen en is daardoor veel in beweging. Veel Zeeuwen en Drentenaren waren landarbeiders, veel buiten zijn is goed voor een mens. De anderen zaten maar sigaren en sigaretten te roken. Ik kende een rijke man die de ene sigaar met de andere aanstak. En weet je wat het ook is? De Zeeuw is niet zo kinderachtig. Als er iets is, ook bij kinderen, dan zeggen we: dat gaat wel weer over. Zeeuwen zijn van: niet klagen maar dragen. Zelf kom ik uit een sterk geslacht. Mijn grootmoeder is in de 90 geworden en mijn vader 102. Hij was een klein ventje, maar nooit ziek.'

Bent u in armoede opgegroeid?

'Het was een armoedige tijd, ja. Mijn vader was kleermaker en had een manufacturenwinkel aan huis. Hij maakte werkkleding voor boeren. We woonden in een klein huisje in het dorp Meliskerke, met een bedstee beneden in de huiskamer, waar we met zijn vieren in sliepen: twee beneden en twee erboven in de kribbe. Op de eerste verdieping waren nog twee slaapkamers voor mijn ouders en twee broers. Er was ook nog een klein kamertje voor mijn grootmoeder, die bij ons inwoonde. We aten uit onze moestuin: aardappelen en groente. Vlees kwam een enkele keer op ons bord, als er een noodslachting was geweest van een koe die bijvoorbeeld in de sloot was gevallen. Dat vlees was goedkoop. Geld voor iets extra's was er niet. Boerenkinderen hadden altijd snoep, wij nooit. Als we dat onze moeder vertelden, zei ze dat ze zelf wel snoepjes zou maken. Dan bakte ze spekjes. Wij hadden geen flauw benul dat dat helemaal geen snoep was.'

Hoe was het voor u om geen relatie en eigen gezin te hebben?

'Ik heb maar één keer een jongen gehad in mijn leven. Zijn naam weet ik niet meer.' (Giechelend:) 'Het was geen succes. Daarna ben ik niemand meer tegengekomen. Ik had er geen moeite mee. Ik was altijd eigen baas en kon doen wat ik wilde. Als ik bij mijn broer kwam en zijn kinderen kwamen op mij af gevlogen, dan genoot ik daar altijd erg van. En dan dacht ik wel eens dat ik een eigen gezin leuk had gevonden, maar aan de andere kant: als je eens wist wat er achter al die deurtjes allemaal gebeurt, dan ziet dat er niet altijd even best uit: ruzies, scheidingen.'

'Van ons zessen zijn er maar drie getrouwd, een broer en een zus zijn ook alleen gebleven. Ik weet niet wat er scheelde, misschien waren ze bang voor ons? Mijn moeder had parkinson, misschien vreesden ze dat als je met een van ons trouwde, je kinderen die ziekte ook zouden krijgen.'

'Weet je wat het ook is? Vroeger trouwden boeren onderling, de arme mensen schoten over. Gelukkig is dat tegenwoordig niet meer zo.'

Genoot u van uw vrijheid?

'Ik had een druk leven. Ik heb altijd met veel plezier gewerkt als handwerkjuf en later als kleuterjuf. Ik genoot van al die leuke kinderkoppies. Mijn eerste baan was kleuterleidster in Yerseke. Daarna werkte ik tot mijn pensioen op een school voor bijzonder lager onderwijs in Goes, waar ik een eigen woning had. In het weekend was ik altijd bij mijn ouders om voor mijn moeder te zorgen. Ze was al jong ziekelijk. Als kind al kreeg ik taken in het huishouden omdat zij het niet aankon. Ik was 8 jaar toen ik met stoffer en blik het tapijt schoonveegde – stofzuigers waren er nog niet – en aardappelen leerde schillen. Dat waren mijn taken. Toen mijn moeder op haar 55ste de ziekte van Parkinson kreeg, ben ik met mijn andere ongetrouwde zus voor haar gaan zorgen tot ze ongeveer twintig jaar later stierf. Daarna ben ik in mijn vrije tijd voor mijn vader gaan zorgen. Hij is tot zijn 90ste blijven werken. Op zijn 10de was hij al begonnen als kleermaker.'

Welke herinneringen heeft u aan uw eigen schooltijd?
'Meliskerke is een klein dorp, dus we hadden maar één kleine school met hervormde en gereformeerde kinderen door elkaar. De school had net een klas aangebouwd, toen de oudgereformeerde gemeente, die heel streng in de leer was, besloot een eigen school te beginnen. Ze wilden hun eigen koninkrijkje. Dat vond ik raar. Eerst gingen alle kinderen uit het dorp naar dezelfde school, en toen kwam er ineens een splitsing. De nieuwe school leidde tot een oorlog tussen de oudgereformeerden en de andere kinderen. Ze gingen met elkaar vechten, met zelfgemaakte sabels. Na een paar dagen was het voorbij. Zo zie je hoe je haat kunt kweken – zelfs tussen kinderen – als je je afscheidt omdat je de anderen niet accepteert.'

Wat vindt u de grootste verandering in het onderwijs de afgelopen honderd jaar?
'De kinderen. Die zijn veel volwassener dan vroeger, toen ze klein werden gehouden door hun ouders. Het zal ook komen doordat ouders zelf wereldwijzer zijn dan ooit. De woordenschat van kinderen is vele malen groter geworden.'

Was u een strenge juf?
(Giechelt:) 'Ik was onstreng. Ik deed mee met de kinderen. Als ze tikkertje speelden, was ik degene die ze moesten hebben en dan renden ze in een lange sliert achter mij aan. Een andere juf berispte mij: je moet niet met ze meespelen. Ik dacht: bemoei je met je eigen zaken.'

Wat maakt iemand een goede onderwijzer?
'Die moet elk kind zien en leren begrijpen. Je moet dus goed opletten hoe het kind zich gedraagt naar anderen toe en hoe het voor zichzelf is. Het is belangrijk stille kinderen niet over het hoofd zien, maar te achterhalen waarom ze zo stil zijn. Er is dan namelijk altijd iets aan de hand. Een stil kind nam ik even apart, dan vroeg ik of het pijn had. Schudde het kind zijn hoofdje, dan vroeg ik of papa of mama ziek was. Als het dan weer 'nee' schudde, vroeg ik of er thuis ruzie was, want dat was dan meestal het geval, wist ik uit ervaring. Ik legde uit dat papa's en mama's het soms moeilijk hebben, zodat het kind het een beetje kon begrijpen. Het is belangrijk dat elke leerling ervaart dat het zijn onderwijzer kan vertrouwen.'

Hoe kijkt u aan tegen de tijd waarin we nu leven?
'De armoede uit mijn jeugd is er gelukkig niet meer. Maar tegenwoordig heb je meer mensen die rijk zijn en alleen maar rijker en rijker willen worden.' (Ze maakt een graaiend gebaar.) 'Dat vind ik geen verbetering. De verschillen met anderen worden groter. Rijken die huizen opkopen en duur verhuren vind ik gemeen, want ze buiten mensen met minder geld uit om er zelf nóg rijker van te kunnen worden. Ik ben jaren met de collectebus langs de deuren gegaan voor goede doelen en dan viel mij altijd op dat de rijksten het minst gaven.'

Zou u nu, in deze welvarende tijd, jong willen zijn?
'Nee. Ik kan niet zeggen dat ik een akelig leven heb gehad, helemaal niet. Ik wil zo gauw mogelijk weg, naar een nieuwe wereld waar gerechtigheid is.'

‘Mijn hele leven ben ik een enorme bofkont geweest’

Roel Oostra

GEBOREN: 29 augustus 1921 in Oosthem

Fier, met gestrekte rug zit hij in de leunstoel in de achterkamer van zijn met boekenkasten gevulde hoekwoning in Drachten. Roel Oostra wijst naar een lichtgroene stoel, een donatie om de ruimte te vullen waar vier jaar lang het bed van zijn zieke vrouw Corrie stond. Sinds haar overlijden in mei 2021 zorgen drie dochters die in de buurt wonen dat hun vader elke dag een van hen op de koffie krijgt, met een plak Drachter turf erbij. Voor het eerst in tachtig jaar zal hij kerst vieren zonder zijn echtgenote. ‘December is een moeilijke maand,’ klinkt het nog net hoorbaar. En in één adem, met ironie in zijn stem: ‘Op mijn leeftijd begeef je je niet meer op de huwelijksmarkt.’

Als Oostra de voordeur uitstapt en naar rechts kijkt, ziet hij zo’n honderd voetstappen verderop in rode neonletters ‘De Lawei’ staan, de naam van de schouwburg waarvan hij 25 jaar directeur is geweest. De Friese amateur-cabaretier maakte landelijk naam als ontdekker van jong talent als Youp van ’t Hek en Herman Finkers. Hij maakte zich geliefd onder artiesten, die de jaarlijkse Roel Oostra Prijs in het leven riepen voor het meest gastvrije theater van het land. Met bijna voortdurend een glimlach op zijn gezicht graaft Oostra voor de interviewer in zijn geheugen.

Wat is een van uw mooiste jeugdherinneringen?
'Wat een moeilijke vraag, dat is zó lang geleden. Ik zou kunnen vertellen dat ik zwaar gepadvinderd heb vanaf mijn 12de. Ik heb er zaken geleerd waar ik nooit meer iets mee heb gedaan, zoals knopen leggen en het morse-alfabet. Wat ik er wel aan heb overgehouden, is dat ik nooit ben gaan roken en ook de alcohol heb laten staan. Nou ja, de laatste tijd drink ik af en toe een glaasje wijn of port, voor de gezelligheid. Dus denk niet dat, als je straks weggaat, ik een kast opentrek om in mijn eentje een hele fles soldaat te maken.'

Wat ziet u als de grootste verandering van de afgelopen eeuw?
'De digitalisering. De eerste computers zie ik nog voor me.' Hij spreidt zijn armen. 'Enorme bakbeesten. En nu loopt iedereen rond met een klein apparaatje waar je alles mee kunt, zelfs beeldbellen. Ja, ik heb er ook een, en een iPad waarop ik de letters van *de Volkskrant* zo mooi kan vergroten. Ik ben noodgedwongen ook deel geworden van de digitale wereld, want mijn tweewekelijkse column *Pakepraat* verschijnt niet meer in de *Pluskrant*, die is opgeheven, maar op DichtRbij.nl. De digitalisering heeft er wel voor gezorgd dat er minder gezelligheid is. Mensen vermaken zich met hun apparaten en komen minder vaak bij elkaar. Voor de computer zijn intrede deed, was er in elke plaats een rijk verenigingsleven waaraan bijna iedereen deelnam, en kende je iedereen in de straat.'

Welke ervaring in de oorlogsjaren maakte de meeste indruk op u?
Eerst de kolder: 'In augustus 1939 werd ik gemobiliseerd. Daar had ik natuurlijk geen zin in. Maar het ging niet door. Ik denk dat zodra Hitler hoorde dat de Fries Roel Oostra was opgeroepen voor het leger, hij zich bedacht en afzag van de inval in Nederland.'

Dan serieus: 'Eén moment ben ik enorm bang geweest. In april 1945 voerden Duitse soldaten een razzia uit in de straat waar ik zat ondergedoken. Bij de benzinepomp voor het huis hing een spandoek: wie zich niet meldde, zou *erschossen* worden. Ik hield mij schuil in een keukenkastje, helemaal opgevouwen. Ineens dreunden soldatenlaarzen door de keuken. Nu ben ik er geweest, dacht ik. Zoals je ziet, hebben ze mij niet ontdekt.'

'De avond voordat ik in september 1942 ging onderduiken om aan de Arbeitseinsatz te ontkomen, zal ik ook nooit vergeten. Ik besloot goede vrienden gedag te zeggen, de Joodse familie Turksma aan de Stationsweg hier in Drachten. Ik belde aan en moest lang wachten. Op een gegeven moment zag ik tussen de gordijnen het witte gezichtje van moeder Betsie, ze vreesde verkeerd volk. Haar man Mozes was al opgepakt. Betsie liet mij binnen en zei: "Als hij daar flink werkt, zullen ze hem wel goed behandelen." Achteraf bleek Mozes toen al omgebracht. Ik vertelde een onderduikadres voor haar en haar dochter Doortje te weten, maar ze wees het aanbod af met de woorden: "We willen andere mensen geen last bezorgen." Bij het afscheid gaf ze mij vier gevulde koeken mee. Korte tijd later zijn Betsie en Doortje ook opgepakt en rechtstreeks naar de gaskamers gebracht.'

Na de oorlog werd u banketbakker. Hoe wordt een bakker theaterdirecteur?

'Mijn hele leven ben ik een enorme bofkont geweest. Ik ben overal ingerold. De vader van mijn geliefde Corrie had een banketbakkerij. Na de oorlog had hij te weinig personeel, wat doe je dan als aspirant-schoonzoon? Je slooft je uit voor de man en gaat hem helpen. Ik haalde mijn diploma's en jaren later nam ik de zaak over. In mijn vrije tijd trad ik op met mijn eigen cabaretgezelschap, De Spinnekop, waarvoor ik de teksten schreef. Met onze voorstellingen traden we wel 74 keer op, drie keer per week, in cafés, dorpshuizen, bij verenigingen. We wilden moderne,

vrolijke voorstellingen maken, niet alleen over boeren en aardappels.'
Hij zingt in het Fries het openingslied van elke voorstelling:

> *Wy bin yn it miel fan it libben / 't ûnmisbere leppeltsje sâlt / in sankje, in grapke, in praatsje / dêr reizgje wy mei troch de wrâld / Wy wolle mei elts graach yn goedens / dat nimme jim wol fan ús oan / mar kin wy in stikeltsje stekke / dan wurd dat net útstelt oant moarn*
> *(Wij zijn in de maaltijd van het leven / het onmisbare lepeltje zout / een liedje, een grapje, een praatje / daar reizen we mee door de wereld / Wij willen graag met iedereen goed opschieten / dat geloven jullie toch wel / maar zien wij zaken die kritiek behoeven / dan stellen we dat niet uit tot morgen)*

'Toen Drachten in 1960 een theater kreeg – het was meer een dorpshuis, later hebben we er een grote schouwburg van gemaakt – stelden ze als directeur iemand uit Zwolle aan. Dat bleek niet zo'n succes. De gemeente wilde van hem af en vroeg of die functie niet iets voor mij was. Ik zei: ik doe het als jullie mij de komende drie jaar niet voor de voeten lopen, want ik heb hier geen verstand van en jullie ook niet. Ik ben theaters in het hele land afgegaan om te zien hoe je een theater runt.'

Youp van 't Hek zei in de *Leeuwarder Courant*: 'Onder cabaretiers was Drachten een van de populairste speelplekken en dat kwam door Roel Oostra.'
'Door mijn ervaring als amateur-cabaretier wist ik wat artiesten nodig hebben: aandacht. Als ze aankwamen, ontving ik hen persoonlijk en informeerde naar hun reis. Ik bekeek de hele voorstelling en zei na afloop iets aardigs. Zat schouwburgdirecteuren komen niet, of alleen aan het eind vijf minuten en steken dan hun duim hoog: uitstekend! En ik gaf ze altijd bitterballen mee voor onderweg naar huis.'

U heeft cabaretiers als Herman Finkers en Youp van 't Hek ontdekt. Hoe deed u dat?
'En Fons Jansen niet te vergeten, een grote. Hij maakte ontzettend leuke grappen over het katholieke geloof. De pastoor was niet blij met deze nieuwlichterij in De Lawei, en bezoekers beklaagden zich in de foyer erover dat hij de hemelpoort aanveegde. Maar vervolgens waren al zijn voorstellingen uitverkocht. Ik ging kleine zaaltjes in het land af en organiseerde ieder jaar een theaterdag waar jonge talenten achter elkaar een korte voorstelling mochten geven. Ze kregen goed te eten. Daar kwam Herman Finkers bijvoorbeeld op af, en het Deep River Quartet.'

Zaten er ook eigenheimers tussen de artiesten?
'De cabaretier Wim Kan kon soms ineens heel boos worden. Een keer stonden enkele bezoekers vlak voor het einde van zijn voorstelling op om als eerste bij de bar te zijn. Na afloop ging hij wel vijf minuten tegen mij tekeer: ik moest mijn gasten opvoeden. Zijn vrouw Corry Vonk liep tussen ons heen en weer en zei: "Let maar niet op hem, hij stopt zo wel." Toen ik hem gedag wilde zeggen, bleek hij al in de auto weg te rijden. Zijn vrouw draaide het raam naar beneden: "Mijn man is verdrietig," zei ze. Ik was verbijsterd.'

Wat vindt u van cabaret anno nu?
'Van der Laan en Woe vind ik ontzettend leuk en knap, maar ze praten zo snel. Dat doen alle cabaretiers tegenwoordig, het is soms moeilijk te volgen. Als je nu naar Wim Kan luistert, valt op hoe kalm hij sprak, maar zijn verhaal zat wel stikvol grappen.'

Hoe schat u de overlevingskansen van de Friese taal in?
'Die blijft bestaan, de taal is zo rijk aan uitdrukkingen en zo mooi van klank. In mijn jonge jaren sprak 90 procent van de Drachtenaren Fries. Sinds Philips hier neerstreek, is dat minder geworden.

In de kleuterklas waar ik voor corona voorlas in het Fries, zat maar één kind dat thuis Fries sprak. Mijn eigen kleinkinderen spreken het ook niet.' (Doet alsof hij begint te huilen.) 'Dat komt denk ik doordat al mijn vijf kinderen met een niet-Fries zijn getrouwd. Dat had ik destijds beter in de gaten moeten houden.'

Na tachtig jaar samenzijn moet u zonder uw vrouw verder, hoe is dat voor u?

'Het scheelt dat ik optimistisch van aard ben. Ik ben nog nooit zo emotioneel geweest als nu. Op tv hoeft maar iemand een bloemetje aan een ander te overhandigen en ik begin al te huilen. De avonden zijn lang als je niemand hebt om tegenaan te zeuren. Ik kan wel gaan zitten treuren, maar daar schiet ik niks mee op.'

'De afgelopen vier jaar dat ik voor Corrie heb gezorgd, was ik de huisman. Zo ontdekte ik hoe druk zij het altijd heeft gehad. Achteraf denk ik: ik heb veel aan haar te danken want ik werkte veel, van vroeg in de ochtend tot laat in de avond, alleen tijdens het avondeten was ik even thuis. Zij gaf mij alle ruimte. Het betekende ook dat de kinderen weinig aandacht van mij hebben gekregen en ik veel van hen heb gemist. Dat betreur ik. Mijn vrouw stond vrijwel alleen voor de opvoeding. Nu profiteer ik van hoe goed zij dat heeft gedaan, want de kinderen zijn zo zorgzaam voor mij. Ik ben nog steeds een bofkont.'

‘Ik fiets twee keer per week op de hometrainer’

Fija de Heer

GEBOREN: 5 juni 1921 in Papendrecht

Fija de Heer heeft de *looks* en *moves* van een 75-jarige. Ze gaat kwiek voor naar de serre om tussen het oerwoud aan planten door de wand met knipsels te laten zien over familieleden die de regionale krant hebben gehaald. Zoals de koninklijke onderscheiding voor haar oudste zoon, voor tientallen jaren vrijwilligerswerk bij de scouting, en een interview met haar kleinzoon die raadslid en statenlid is voor D66.

De geboren Papendrechtse, die op 2-jarige leeftijd haar moeder verloor, woont nog zelfstandig in een twee-onder-een-kapwoning met een diepe tuin. In de bijkeuken staat een hometrainer met een zadelhoes van schapenwol. Op haar salontafel ligt naast haar iPad dagblad *BN De Stem* met daaronder een stapel roddelbladen. ‘Je moet van álles op de hoogte blijven,’ schaterlacht ze.

Hoe ziet uw gemiddelde dag eruit?

‘Elke dag is hetzelfde. Ik sta om 7 uur op en dan komt de hulp mij helpen met wassen en aankleden. Ze maakt ook een ontbijtje voor mij klaar. Dus dan zit ik om half 8 hier op de bank bij het raam met een kop thee en een boterham. Daarna verzorg ik de planten, ga met de kruimeldief door de huiskamer, doe nog wat klusjes zoals de was vouwen, lees de krant en ga dan het middageten klaarmaken. Ik eet altijd warm tussen de middag. Vandaag wordt het zelfgemaakte erwtensoep, mijn schoondochter heeft alle ingrediënten gehaald. Ik verveel mij nooit. Ik brei en haak veel, kijk voetbalwedstrijden en doe spelletjes op de iPad. Mijn kinderen en kleinkinderen komen geregeld langs. Al mijn vriendinnen zijn helaas overleden.'

Voelt u zich wel eens eenzaam?
'Als ik mij alleen voel, ga ik om zes uur naar bed. Dan heb ik geen zin meer. Wat ik vooral mis, is kaarten met vrienden. Ik had vier kaartclubjes. Bij elkaar thuis klaverjassen, zo gezellig. Al mijn kaartvrienden zijn overleden. Ik ben nog wel lid van de Fokkerclub hier in Hoogerheide, opgericht door mijn man, die 44 jaar bij vliegtuigbouwer Fokker heeft gewerkt. Misschien moet ik er weer eens heen, om te sjoelen.'

Wat is uw geheim, dat u zo'n hoge leeftijd heeft bereikt én nog zo kwiek bent?
'Dat ik niet erg gevoelig ben. Ik raak niet gauw van slag en kan veel hebben. Daarom kan ik al 18 jaar alleen zijn. Mijn man is in 2003 overleden, hij was 82 jaar. Ik had nog wel een nieuwe vriend kunnen krijgen, ik ken hem van de kerk en hij is 20 jaar jonger. Maar wat moet ik met zo'n jonge man? Ik beschouw hem als mijn kerkvriend. Na de kerkdienst haalt hij koffie voor mij en elke zaterdag bellen we elkaar. Hij hoeft van mij niet aan huis te komen.'
'Ik heb altijd veel gesport: fietsen, zwemmen, sjoelen. Ik fiets nu nog een à twee keer per week op de hometrainer en boven heb ik een trilbed, dat is goed voor de doorbloeding. Maar het gaat wel minder hoor, ik heb de longziekte COPD en kan niet goed meer horen.'

Gelooft u in God?

'De nacht dat ik 100 jaar werd en even wakker was, zag ik gele bloemen op het plafond van mijn slaapkamer. Ik zie ook wel eens hoofden op het plafond, als ik in bed lig. Dan zeg ik: kom maar naast me liggen, en ligt er ineens een figuur naast mij, met zijn hoofd op het kussen. Ik zie dat als tekenen van God.'

Zou u in deze tijd jong willen zijn?

'Nee, vroeger was het veel gezelliger. Wij deden thuis meer met elkaar. Dan werd er een zak olienoten op tafel leeggegooid en gingen we die met zijn allen pellen. Ik heb het idee dat jongeren nu meer hun eigen gang gaan, minder thuis zijn en meer op stap gaan: naar de disco, ergens iets drinken of eten. Er zijn ook meer problemen in de wereld om je druk om te maken. Nu hoor je van alle kanten wat er speelt, vroeger waren die communicatiemiddelen er niet.'

Maakt u zich druk, om de klimaatcrisis bijvoorbeeld?

'Ik lees er wel over, maar ik ben 100 jaar, waarom zou ik mij daar druk om maken? Het zal nog wel even duren voordat het echt problematisch wordt en ze proberen er wat aan te doen. Het is alleen de vraag of dat gaat lukken.'

Welke periode in uw leven was voor u de grootste beproeving?

'Ik heb in de oorlog bombardementen meegemaakt en honger gehad. Maar de moeilijkste periode was na het overlijden van mijn man. Ik hield hem altijd zo lekker vast in bed. De eerste dagen lag ik daar alleen en zocht ik hem met mijn armen, maar o god, hij was er niet meer. Maar ik ben niet bij de pakken neer gaan zitten, ik heb daarna nog veel gereisd. De maanden na de geboorte van mijn eerste zoon waren ook niet makkelijk. Ik moest vaak huilen en lag veel op bed. Voeden en een luier omdoen ging nog wel, maar verder was ik tot niets in staat. Mijn buurvrouw nam de verzorging op zich. Ik ging naar de dokter en die zei: je ziet zo wit, ik geef je een pil. Nu weet ik dat ik last had van, hoe heet het ook alweer, een postnatale depressie. In die tijd kregen zwangere en bevallen vrouwen weinig aandacht, tegenwoordig gelukkig wel.'

U was 2 jaar toen uw moeder stierf, was er vroeg of laat wel aandacht voor de verwerking van dat verlies?
'Er werd nooit meer over mijn moeder gesproken. Mijn vader bleef alleen achter met vijf kinderen. We werden ondergebracht bij familieleden. Daar heb ik het heel goed gehad. Ook de zus van mijn moeder vertelde over mijn moeder.'
'Ik ben weinig over haar te weten gekomen. Ik ving wel op dat mijn vader haar sloeg. Toen ik 6 jaar was, ging ik net zoals mijn broers en zus weer bij mijn vader wonen. Mijn zus van 14 zorgde voor ons en deed het huishouden. Twee jaar later hertrouwde mijn vader met een tien jaar jongere vrouw. Ze was 28 en ze kregen nog twee kinderen samen. Wij hadden geen zin haar 'moeder' te noemen. Alleen voor haar eigen kinderen was ze goed. Ze was vaak boos op ons en lag veel op bed. We gingen dan zonder eten en drinken naar school. Ook draaide ze de gaskraan dicht, zodat wij geen thee konden zetten. Er kwam een keer een voogd langs om te kijken of de situatie wel goed voor ons kinderen was. Dan beloofde mijn stiefmoeder beter voor ons te zorgen. Ik vond het niet erg dat ik op mijn 13de weer bij mijn tante kon wonen. Mijn zus werkte al elders in de huishouding en mijn drie broers waren jong op een schip gaan werken. Achteraf denk ik: het is nogal wat om te trouwen met een man en voor zijn vijf kinderen te moeten zorgen. Ze kon het niet aan. Mijn vader sloeg mijn stiefmoeder ook. Dan hoorden we haar 's avonds schreeuwen: "Ik steek je met een mes!" Ze is een keer weggelopen, naar haar moeder, maar dan kwam mijn vader haar weer halen. Ik heb mijn vader een keer gezegd: "Je mag haar niet slaan, waarom doe je dat?" Hij zei: "Ze heeft steeds geen zin."'

Hoe hebben uw kinderjaren u gevormd?

'Ik heb mijzelf gevormd. Mijn jeugd heeft mij bijdehand gemaakt. Doordat ik van gezin naar gezin ging, leerde ik voor mezelf op te komen. In mijn eigen gezin heb ik altijd erg meegeleefd met mijn kinderen en veel samen ondernomen, zoals actief zijn bij de scouting, mee naar wielrenwedstrijden, dagjes naar het strand.'

Is er iets waarover u de afgelopen 100 jaar van mening bent veranderd?

'Samenwonen voor het trouwen vond ik vroeger verschrikkelijk. Maar nu vind ik het juist goed. Je kunt sparen en aan elkaar wennen. Je komt van alles tegen in de ander als je dag en nacht samen bent.'

Kwam u zelf voor verrassingen te staan nadat u was getrouwd?

'Koos hield van duiven houden. Hij timmerde zelf de hokken. In het begin leefde ik mee. Maar op een gegeven moment was hij alleen maar met die duiven bezig, ik schoot erbij in. Dan zei ik op een zaterdag: laten we een dagje naar Dordrecht gaan, maar dan was hij te druk met zijn duiven en ging ik maar alleen. Het heeft er wel eens om gespannen. Op een dag in 1968, we hadden twee kinderen, heb ik hem gezegd: "Je raakt ons kwijt of de duiven." Toen heeft hij de duiven weggedaan en de hokken opgeruimd. We konden met het gezin op stap. Zodra de kinderen het huis uit waren, heb ik gezegd dat de duiven weer terug mochten komen, omdat ik merkte dat hij er nog steeds de pest in had. Maar Koos had er geen zin meer in. Hij had genoeg vrijwilligerswerk te doen en was druk met de tuin. Een paar dagen voor zijn dood zat hij nog op zijn knieen onkruid te wieden. Zijn levensmotto was: als je niks meer kan, moet je wegwezen. Dat is het mooiste: ineens weg zijn.'

‘We hebben het onvoorstelbaar veel beter gekregen’

Aad Vervoort

GEBOREN: 2 september 1921 in Dordrecht

Al een paar keer heeft Aad Vervoort een liefdesbriefje gevonden op zijn deurmat. Van een hem onbekende, die schrijft zijn oog te hebben laten vallen op zijn hoekwoning in Dordrecht. Mocht hij het ooit te koop aanbieden... De 100-jarige is niet ingegaan op de avances. Hij heeft het goed naar zijn zin in het huis waar hij 53 jaar geleden introk met zijn vrouw en toen twee jonge dochters. De vitale verhalenverteller Vervoort woont zelfstandig, kookt nog graag en regelt al zijn zaken zelf. Hij is er trots op al sinds de oprichting van de PvdA in 1946 lid te zijn van deze politieke partij. Als kritisch sociaal-democraat zal hij de partij trouw blijven, omdat trouw zijn aan je naasten, je principes en je idealen zijn drijfveer in het leven is.

Wat vindt u de belangrijkste verworvenheid van de afgelopen 100 jaar?

‘Dat is zonder twijfel de sociale wetgeving uit de jaren vijftig onder de sociaal-democratische minister-president Willem Drees. Ik noem de AOW, de Ziektewet en de afschaffing van de Wet handelingsonbekwaamheid, waardoor ook getrouwde vrouwen mochten werken en een eigen bankrekening konden openen. Mijn

vrouw was ambtenaar. Op de dag dat we trouwden, werd ze ontslagen. Dat vrouwen nu zelfstandig kunnen opereren, is een van de grootste verworvenheden van de afgelopen eeuw.'
'Mijn moeder had zeven kinderen en was zwaar belast met de zorg en het huishouden. Ik vond het als kind vreselijk om te zien als ze op haar knieën met stoffer en blik het tapijt veegde en was blij toen ze begin jaren dertig een stofzuiger kreeg.'

Mooi hoe u als kind zo begaan was met uw moeder.
'Ik heb veel aan haar te danken. Ze was erg goed voor mij. Als kind had ik last van astma en bronchitis en had veel zorg nodig. Je kunt wel zeggen dat ik verwend werd, ook door mijn broers en zussen. De huisarts zei toen ik 6 jaar was: "Of hij sterft jong, of hij wordt een beer van een vent." Op mijn 14de schoot ik de lucht in en verdwenen de kwalen.'
'Mijn moeder was ook degene die toen ik van de lagere school kwam, zei: jij moet doorleren. De vijf oudsten gingen meteen aan het werk, ook omdat hun inkomsten hard nodig waren in ons gezin. Het waren de crisisjaren dertig en mijn vader raakte werkloos. Hij kreeg een uitkering van 14 gulden per week, terwijl de huur van onze woning 6,50 gulden bedroeg. Ik mocht als nummer zes in het gezin doorleren, evenals mijn jongere zusje. Ik deed de mulo en daarna de mts en haalde de aktes MO Wiskunde-A en -B, waardoor ik dit vak kon gaan doceren op het Gemeentelijk Lyceum en de hts in Dordrecht. Later begon ik, naast mijn baan als leraar, aan de TU Delft de studie voor civiel ingenieur. Daarbij heeft mijn vrouw mij geweldig bijgestaan. Ze nam de opvoeding van onze dochters bijna alleen ter hand. Dankzij haar kon ik mijn studie met succes afronden.'
'Voordat ik leraar werd, heb ik een tijd als constructeur bij een staalbouwfirma gewerkt. Het was de periode van de wederopbouw na de oorlog, ik deed mee aan het herstel van de beide Moerdijkbruggen en aan de bouw van veel andere bruggen.'

Hoe zou u uw jeugd omschrijven?

'Als een gelukkige tijd, waarin ik als ziekelijk kind omringd werd door liefde en zorg. We hadden het niet breed, maar er was genoeg. Mijn vader was machinist op een stoomsleepboot en werkte zes dagen in de week, vaak van 4 uur in de ochtend tot 5 uur in de middag. Hij had maar één vakantiedag in het jaar. Desondanks deed hij zijn werk met plezier, want ik hoorde hem vaak zingen. Maar hij streed ook voor betere arbeidsomstandigheden, kortere werkdagen en een hoger loon. Nadat hij had meegedaan aan een staking kwam hij als een van de oproerkraaiers op de zwarte lijst en verloor zijn baan. Zo ging dat in die tijd. Hij is toen een paar jaar in Duitsland gaan werken. Er waren toen al drie kinderen. Mijn moeder stond die periode dus alleen voor de opvoeding.'

Heeft het gezwoeg van uw vader en moeder u politiek bewust gemaakt?

'Mijn vader was een echte sociaal-democraat en zelf ben ik een voorbeeld van hoe een kind uit een eenvoudig arbeidersgezin dankzij de inzet van de SDAP en later de PvdA een goed leven kon opbouwen en nu kan genieten van zijn AOW en pensioen. We hebben het onvoorstelbaar beter gekregen, ook al beseffen de meeste mensen niet hoeveel strijd daarvoor is geleverd. In 1946, meteen na de oprichting, ben ik lid geworden van de PvdA en dat ben ik tot op de dag van vandaag gebleven. Ik vind het belangrijk trouw te zijn aan mijn naasten, mijn principes en idealen. De idealen van de sociaal-democratie – ervoor zorgen dat de eenvoudige man en vrouw het beter krijgen – horen daarbij.'

Hoe is het voor u dat van die ooit grote PvdA nog zo weinig over is?

'Dat vind ik moeilijk, juist omdat we zoveel te danken hebben aan deze partij. Helaas is in het kabinet-Rutte-Asscher de fout gemaakt door te slaan in de marktwerking. Veel PvdA-stemmers zijn toen hun stabiele anker kwijtgeraakt. Alles moest efficiënt, ten koste van de dienstverlening. Het bezoek aan de dokter werd beperkt tot ongeveer 10 minuten, patiënten werden eerder uit het ziekenhuis ontslagen, veel bejaardenhuizen werden gesloten. De PvdA ging met 38 zetels het kabinet in, en hield er daarna maar 9 over. Tot dusver is het niet gelukt dit te herstellen. Maar als je naar D66 kijkt, die partij heeft ook aan de rand van de afgrond gestaan en zich weer opgericht.'

Ziet u nog kans op herstel, of moeten PvdA en GroenLinks fuseren?
'Fuseren vind ik te ver gaan, samenwerken lijkt mij goed. Herstel kan alleen met een charismatische leider. Ik had gehoopt dat Lodewijk Asscher zou terugkeren. Wouter Bos kon het ook, als jonge en aantrekkelijke vent. Het is nu wachten tot er iemand opstaat in de PvdA die het vertrouwen kan herstellen.'
'Ik heb Wouter Bos nog eens een brief geschreven, na een debat dat hij glansrijk had gewonnen van Balkenende (toenmalig CDA-leider, *red.*). Ik complimenteerde hem en schreef wat betweterig dat een stropdas hem niet zou misstaan. Ikzelf ben een stropdasman, zonder stropdas voel ik mij niet gekleed. Bos antwoordde dat hij zich met een open boord prettiger voelde.'

Wat voor vader was u voor uw dochters?
'Ik was denk ik een strenge vader, maar altijd zo eerlijk en rechtvaardig mogelijk, want daar hechtte ik aan. Het aantal klappen dat ik heb uitgedeeld was zéér gering. Van elke klap heb ik nu nog spijt. Ik vind het laf als een volwassene een kind slaat. Als docent heb ik nooit een leerling geslagen, dat was ook niet nodig want ik beschikte over natuurlijk gezag. Ik had een strenge blik. Later hoorde ik van een ex-leerling dat hij altijd bang voor mij was.'

Hoe ziet uw gemiddelde dag eruit?
'De wekker gaat om 8 uur en dan sta ik op. Als ik mij eenmaal heb gewassen en geschoren, heb ik er weer zin in. Na het ontbijt pak ik de krant, en verder doe ik wat op de computer of de iPad en lees ik veel Nederlandse romans. Ilja Leonard Pfeijffer vind ik een erg goede schrijver, en *Ik ga leven* van Lale Gül heb ik ook met veel interesse gelezen; het verbaasde mij te lezen dat vrouwen in de Turkse gemeenschap zo aan banden worden gelegd. In de avond kijk ik het nieuws en daarna, als het kan, naar een voetbalwedstrijd. De laatste jaren ben ik veel aan het tekenen, een bezigheid die mij afleidt en voldoening geeft.'

Wat is het moeilijkste besluit geweest dat u ooit genomen heeft?
'Dat was in 2017, toen ik mijn vrouw moest onderbrengen in een verpleeghuis. Daarvan hebben de kinderen en ik veel verdriet gehad. Ze was al drie jaar aan het dementeren waarbij ik haar mantelzorger was, een taak waarvoor geen opleiding bestaat. Toen ik met een bacteriële infectie in het ziekenhuis belandde, ging het niet meer. In de coronatijd mochten we haar vier maanden niet bezoeken omdat het verpleeghuis na een aantal sterfgevallen op slot ging. Toen we haar daarna weer opzochten, herkende ze ons niet meer. Ze ging snel achteruit en stierf een halfjaar geleden. We zijn 70 jaar samen geweest, hadden een goed huwelijk waaraan ik met dankbaarheid terugdenk. Maar ik mis haar nog iedere dag.'

Aad Vervoort haalt een vel papier tevoorschijn. Daarop staan zeventien onderwerpen getypt die hij in het interview te berde wilde brengen. Hij kan ze allemaal afvinken, op één na. Punt 17 luidt: 'Zou het zo weer precies eender doen.'
Hij vertelt: 'Als je mij had gevraagd wat ik zou doen als ik mijn leven mocht overdoen, dan had ik geantwoord dat ik het weer precies zo

had gedaan. Ik heb er uitgehaald wat er voor mij in zat en veel geluk gehad: een goed huwelijk, aardige kinderen en kleinkinderen, en ik heb geboft met mijn betrekkingen, aardige collega's en leerlingen. Ik heb mij weinig geërgerd, daar was ook geen aanleiding toe. Mijn leven was welbesteed, zeer gevarieerd en gelukkig.'

‘Ik heb nooit behoefte gehad aan een eigen huis en een gezin’

Wil Kruijt

GEBOREN: 25 december 1921 in Rotterdam

Wie Wil Kruijt ontmoet, waant zich haast in koninklijk gezelschap. Voor een geboren en getogen Rotterdamse heeft ze een opvallend geaffecteerde manier van praten. Er is in de verste verte geen spoor te bekennen van iets wat op een Rotterdamse tongval lijkt. ‘Kwestie van een nette opvoeding,’ lacht ze. Of misschien komt het door de ‘hogere kringen’ waarin ze lange tijd als nanny verkeerde.

Wil Kruijt woont zelfstandig in een flat op 17-hoog, met een indrukwekkend uitzicht over haar geliefde stad: rechts het Kralingse Bos, in het midden de Erasmusbrug en in haar linkerooghoek de Van Brienenoordbrug. Bij de officiële opening van beide bruggen was ze van de partij. ‘Bij de lunch op de Erasmusbrug waren de kartonnen bordjes met punaises vastgeprikt op de tafels, zodat ze niet zouden wegwaaien. Grappig hè?’

In de hoek van haar huiskamer staat op een kastje een digitale fotolijst waarop van 8 uur ’s ochtends tot 9 uur ’s avonds – als ze op de uitknop drukt – een slideshow van familiekiekjes is te zien. De foto’s die neven en nichten dagelijks naar het wonderding sturen, hielpen haar de coronatijd door, vertelt ze, want zo voelde ze zich niet afgesneden van haar dierbaren.

Kunt u de digitalisering een beetje bijbenen?

'Die heb ik helemaal gemist. Toen de eerste computers kwamen, dacht ik: het zal zo'n vaart niet lopen, en deed ik er niks mee. Ik had niet gedacht dat ze zo belangrijk zouden worden en heb er nooit mee leren omgaan. Dat vind ik nu wel jammer. Als ik om mij heen zie hoe druk iedereen ermee bezig is en wat ze allemaal niet kunnen op die telefoons, zoals appjes sturen, dat is toch wel heel handig.'

'Laatst begaf mijn koelkast het ineens. Het was vrijdagmiddag, op zo'n moment begin je niks. Ik belde de nicht die mij helpt met praktische zaken. Binnen een uur had ze op haar computer een nieuwe koelkast voor mij uitgezocht, gekocht én betaald. En de volgende morgen werd die al bezorgd. Hoe is het mogelijk! Een andere nicht regelt mijn financiële zaken, zoals internetbankieren. Het voordeel is dat, als familie mij telefonisch niet te pakken kan krijgen en zich afvraagt of er iets aan de hand is, op mijn bankrekening te zien is dat ik net bij Albert Heijn ben geweest.'

Wat denkt u als u zoveel mensen ziet opgaan in hun smartphones?

'In het begin vond ik dat heel vreemd. Inmiddels ben ik eraan gewend, het hoort bij deze tijd. Ik kan mij alleen niet voorstellen dat het goed is voor het contact tussen ouders en kinderen, als die ouders zoveel op hun telefoon zitten. Ze zijn er niet met hun volle aandacht bij en zien ook niet wat hun kinderen doen.'

Hoe was uw band met uw ouders?

'Heel goed. Ze stelden duidelijke regels, maar lieten ons ook vrij. We mochten bijvoorbeeld voetballen in de gang. Toen alle borden van Delfts blauw die aan de muur hingen waren gesneuveld, werd mijn moeder niet boos. Ze zal waarschijnlijk gedacht hebben: dan had ik ze daar niet moeten laten voetballen. Mijn ouders oordeelden niet en konden daardoor veel verdragen. Er was altijd veel muziek in huis. We mochten alle vijf op muziekles, ik speelde viool. Mijn oudste twee broers speelden piano en hadden een orkestje van zestien man opgericht, dat altijd bij ons thuis mocht oefenen. Totdat er op een gegeven moment een slagwerker bijkwam, toen zei mijn moeder: zoek nu maar een andere plek.'

'Het was bij ons thuis een zoete inval, er kwamen vaak vrienden en familie over de vloer en die konden altijd blijven eten. We hadden het goed. Niet heel breed, maar zeker niet arm. Mijn vader was vertegenwoordiger voor de firma Stokvis en verkocht sanitair en elektrische apparaten. Daardoor hadden wij als een van de eersten een wasmachine en een koelkast in huis.'

Dat klinkt als een ongecompliceerde, vrije jeugd.

'O ja. Op zondag gingen we naar de hervormde kerk, maar het was geen plicht. We zaten op een openbare lagere school, met kinderen met heel verschillende achtergronden. Ik zat in de klas bij de dochter van rabbijn De Miranda, Lulu heette ze. Die familie is na de oorlog niet teruggekeerd van deportatie.'

'Mijn ouders lieten ons onze eigen weg gaan. Toen mijn jongste broer in 1946 als 17-jarige net klaar was met de hbs, wilde hij mee op een schip van het Rode Kruis dat hij in de haven had zien liggen. Dat mocht. Het schip voer met hulpgoederen naar Nederlands-Indië. Hij reisde ook weer mee terug.'

Wat was uw meisjesdroom en wat is daarvan terechtgekomen?

'Ik wilde verpleegkundige worden en ging op mijn 19de, na de industrieschool voor meisjes, naar het Diaconessenhuis. Dat was een protestants ziekenhuis waar je intern ging en werd opgeleid tot verpleegkundige. Je sliep met zes leerling-verpleegkundigen op een kamer, heel gezellig. Er waren strenge regels. 's Avonds mocht je niet naar buiten. Alleen als je een keer per week een dag vrij was, mocht je weg. Je móést 's avonds met zijn allen thee drinken, als je op je slaapkamer bleef, werd je opgehaald. Bij het avondeten moest je achter je stoel blijven staan, totdat de directrice was gaan zitten, pas dan mocht je ook plaatsnemen aan tafel. Ik heb de opleiding niet afgemaakt, heb er wel zeven jaar gewerkt, de laatste jaren in de keuken, dat werk vond ik leuker. Als ik langer was gebleven, zou ik een soort non zijn geworden en dat was niets voor mij. Er was meer te beleven buiten de muren van het Diaconessenhuis.'

En, wat viel buiten die muren zoal te beleven?

'Ik ben met een vriendin naar Italië gereisd, we hebben er zeven maanden in een Nederlands hotel in San Cristoforo gewerkt. Ik hield van koken en werd chef-kok. Ik heb ook in een hotel in Zwitserland en in de Vogezen in Frankrijk gewerkt. Het was seizoenswerk, tussendoor woonde ik bij mijn ouders. Op een dag, toen ik thuis was, kreeg een vriendin een auto-ongeluk. Ze was zwanger van haar tweede kind. Ik ben een paar weken bij haar ingetrokken om voor haar en haar gezin te zorgen. Haar man had een drukke praktijk als dermatoloog. Mijn hulp ging in artsenkringen van mond tot mond. Daarna werd ik door het ene na het andere gezin gevraagd om tegen betaling een paar weken of soms maanden in huis te komen, bij ziekte, na een bevalling of als de ouders samen op vakantie wilden.'

'Nu zou je zeggen dat ik een nanny was. Dit was niet mijn bedoeling, maar ik ben erin gerold, van het een kwam het ander en ik bleek dat werk erg leuk te vinden. Als ik even geen gezin had, was ik bij mijn ouders. In 1966 ben ik ermee gestopt omdat mijn ouders ziek werden. Ik bleef thuis om voor hen te zorgen. Mijn vader stierf als eerste, mijn moeder in 1971. Daarna heb ik, tot mijn pensioen, in de dieetkeuken van de Daniel den Hoedkliniek gewerkt.'

U bent dus na uw opleiding altijd bij uw ouders blijven wonen?

'Ja. Mijn ouders gaven mij alle ruimte en ik vond het fijn om, als ik een paar dagen vrij was, voor hen te zorgen. Mijn moeder had al jong een zwakke gezondheid, dus die kon wel wat hulp gebruiken. Toen ze was overleden, ben ik in het huis blijven wonen. Veertien jaar geleden ben ik naar deze flat verhuisd, na het overlijden van mijn zus Ans. Ik had zeven jaar voor haar gezorgd en dacht: waarom zou ik nu niet in haar flat gaan wonen? Het onderhoud van de tuin werd mij te veel en er woonde ook een schoonzus in dit gebouw, dus dat was gezellig.'

U heeft een groot deel van uw leven voor anderen gezorgd, heeft u zichzelf niet weggecijferd?

'Als ik er geen plezier in had gehad, had ik het niet gedaan en ook niet zo lang volgehouden.'

Verlangde u nooit naar een eigen woning en een gezin?

'Ik heb daar nooit zo'n behoefte aan gehad. Ik had geen tijd voor een eigen gezin en had het gezellig bij al die gezinnen waar ik werkte. Ik vond het prima om het huis van mijn ouders als vaste uitvalsbasis te hebben. We konden het goed met elkaar vinden, ze lieten mij mijn gang gaan. Ik kon uitnodigen wie ik wilde. Er kwam vaak veel familie over de vloer en dan kookte ik. Mijn moeder noemde mij altijd "handjegauw" want ik was met alles heel snel.'

Bent u wel eens verliefd geweest?

'Ik heb één keer verkering gehad, met Hans. Toen was ik een jaar of 16, 17. We kenden elkaar van de kerk. Na twee jaar ging het uit. Dat vonden we allebei het beste. Daar is het bij gebleven. Ik ben daar nooit zo mee bezig geweest. Als ik terugkijk op de afgelopen honderd jaar, is er niets waarvan ik spijt heb, of denk: jammer. Ik heb een leuk leven gehad. Nu nog steeds hoor, ik mag niet mopperen.'

Bent u gehecht aan uw vrijheid?

'Nu je het zo zegt, dat zou best wel eens kunnen ja. Misschien ben ik daardoor zo oud geworden.'

‘Ik mis mijn auto, ik had hem niet weg moeten doen’

Nico Cornelisse

GEBOREN: 3 juli 1921 in Amsterdam

Nico Cornelisse is een geluksvogel: 100 jaar en nog steeds samen met zijn 1,5 jaar jongere vrouw Anna, met wie hij 80 jaar geleden in het huwelijk trad. Ze wonen nog zelfstandig in hun vrijstaande woning in een dorp in Oost-Groningen, met uitzicht op uitgestrekte akkers voor de aardappelteelt, die net aan hun winterslaap zijn begonnen. Het paar doet nog veel zelf. Hun dochter (78 jaar) en een kleindochter doen de zware boodschappen, een 15-jarige jongen uit het dorp neemt het snoeiwerk in de tuin voor zijn rekening. Nico gaat over de kleine inkopen, de stofzuiger, het schillen van de aardappelen en de afwas. Anna dekt de tafel, kookt, boent de vloer en doet de was.

Sinds kort hebben ze voor het eerst een hulp in de huishouding, voor drie uur in de week. Geregeld door het ziekenhuis, waar Anna was opgenomen met een TIA waardoor haar benen verlamd waren geraakt. De arts had gezegd dat ze het rustig aan moest doen en herstel van de TIA wel zes jaar kan duren.

Anna demonstreert trots zijn ongelijk, het resultaat van stug blijven oefenen. Ze laat haar rollator los en snelt op haar gymschoenen in tien stappen, met haar handen wijd, naar het aanrecht. ‘Als ik langzaam loop, val ik om.’

Een interview met Nico is ook een interview met Anna – beiden met een onvervalst Amsterdamse tongval – want ze vormen een onafscheidelijk duo. Geduldig luistert hij elke keer naar haar aanvullingen of correcties op zijn verhaal.

Hoe is het om 100 jaar oud te zijn?

'Oud worden is een zegen, oud zijn een ramp. De laatste loodjes wegen zwaar. Alles is kunst bij ons: gehoorapparaat, kunstgebit, rollator. Achttien jaar geleden heb ik een nieuwe hartklep gekregen. Die zou vijftien jaar meegaan, maar zit er nog steeds. Zo'n hartklep is van een koe of een varken. Dus Anna zegt: je hebt er zeker een van een jong varken.'

Anna: 'Een big, dat zei ik.'

'De keerzijde van samen zo oud worden, is dat je steeds banger wordt de ander te verliezen. Het meest van alles vrees ik dat ik alleen achterblijf, verdorie wat moet ik dan? Toen mijn vrouw een TIA kreeg, was ik verschrikkelijk geschrokken. In de weken daarna ben ik acht kilo afgevallen.'

Anna: 'Als hij doodgaat, ga ik ook. Dat heb ik met de dokter besproken en als die niks doet, doe ik het zelf. Ik ga niet zonder hem verder leven.'

Nico, geruststellend: 'Als een van ons als eerste gaat, wordt de ander de volgende dag niet meer wakker. Dat gaat vanzelf.'

Hoe houden twee mensen het 80 jaar vol met elkaar?

'Geven en nemen. En er moet harmonie zijn, en die is er, altijd geweest ook. We zijn zo op elkaar ingesteld, dat als ik denk: ik ga zo naar de winkel, zij vraagt: "Ga je naar de winkel?" We denken hetzelfde.'

Anna: 'Ik ben nog steeds verliefd op hem. Geen dag in mijn leven heb ik spijt gehad dat ik met Nico getrouwd ben. Hij is altijd lief en heeft nooit lelijk tegen mij gedaan. Aan ruzie doen we niet en ik knuffel hem nog graag, hè piemel?'

Nico, lachend: 'Ja, trut.'
'Toevallig hebben we ook dezelfde interesses. Als ik een camper wil kopen om mee door Europa te reizen, vindt zij dat leuk en gaat mee. Tot mijn 89ste zijn we naar Spanje gereden om te overwinteren. Ze is meegaand.'
Anna corrigeert: 'Ik vind veel leuk en ben makkelijk.'

Uw eerste huwelijksjaren, in oorlogstijd, verliepen niet zo rooskleurig, begreep ik.
'We waren in 1942 twee weken getrouwd toen ik werd opgepakt door de Duitsers. Met nog twintig jonge Amsterdamse trambestuurders werd ik naar Maagdenburg in Duitsland gebracht om dwangarbeid te verrichten. We sliepen in barakken, onder bewaking van SA-soldaten. Overdag moest ik de tram in Maagdenburg besturen. Mijn vrouw was zwanger toen we trouwden. Na de bevalling mocht ik gelukkig zes weken met verlof. In totaal hebben we elkaar 2,5 jaar niet gezien. Eind juni 1945 keerde ik terug. Ik was twee maanden eerder al in Maastricht aangekomen, maar kon toen niet verder reizen naar Amsterdam omdat de oorlog daar nog in volle gang was. Ik verbleef zolang in een klooster in Eijsden, waar ik goed te eten kreeg. Het was mooi weer, waardoor ik eind juni bruin en goed gevoed thuis kwam, alsof ik op vakantie was geweest. Ik trof een stad aan vol inwoners die vel over been waren. Amsterdammers hadden het duidelijk heel zwaar gehad. Er werd nog veel gefeest, overal waren bandjes aan het spelen. Voor mijn dochter was ik een vreemde, ze keek mij aan van: wie is die rare man? Het is goed gekomen, ze is nog wel steeds een moederskindje. Vanaf die dag in juni 1945 zijn Anna en ik nooit meer uit elkaar geweest.'
Anna: 'De maanden ervoor had ik geen brieven meer van hem gekregen, dus ik dacht dat hij dood was. En toen stond hij ineens op de stoep.'

U bent geboren en getogen Amsterdammers, hoe bent u in Oost-Groningen verzeild geraakt?

'Ik ben nooit een stadsmens geweest. Zodra het maar kon, ging ik de natuur in. Eerst op de fiets naar Egmond aan Zee, Bloemendaal of Hilversum. Vanaf 1951 op de Solex, tent achterop, uit kamperen. We ontvluchtten Amsterdam zo vaak mogelijk. Dus zodra ik in 1976 met vervroegd pensioen ging, verhuisden we. We hebben jaren in Friesland gewoond en toen onze dochter naar Duitsland verhuisde, zijn we hier, bij haar in de buurt gaan wonen.'

Hoe hield u het zo lang uit in Amsterdam, als u geen stadsmens was?

'Ik had er mijn werk. Ik heb jaren tramlijn 3 bestuurd en daarna ben ik conciërge geweest op een middelbare school, waar ik ook sportlessen gaf. We woonden mooi, aan het water, in een woonark en hadden een bootje waarmee we vaak uit varen gingen. Onze boot lag een tijd aangemeerd in Landsmeer, achter de boerderij van kunstenaar Anton Heijboer. Een leuke man, alleen stapelgek, met zijn twee vrouwen en later zelfs drie. Hij nam een hond, maar wilde het dier niet in huis hebben. Hij timmerde geen hok, maar kocht een busje, dus die hond woonde in een busje. Als hij met zijn vrouwen in de auto ging tanken, betaalde hij nooit. De pompeigenaar hield bij hoeveel hij nog tegoed had. Toen hij Heijboer daar op een dag mee confronteerde, zei die: "Ik maak wel een schilderij voor je, dat is wel 30.000 gulden waard." Hahaha.'

Wat vindt u de mooiste uitvinding van de afgelopen eeuw?

'Wat wij niet aan uitvindingen hebben meegemaakt: de eerste lampenradio, de stofzuiger, de telefoon, de auto, de iPad – we hebben er allebei één. Maar de televisie vind ik de mooiste, want die geeft ons een venster op de hele wereld. Mijn moeder kon als eerste in onze buurt een televisie kopen. Ze had een goed pensioen van mijn vader, die overleed toen ik in mijn moeders buik zat. Elke woensdagmiddag kwamen buurtkinderen bij ons tv kijken, voor een dubbeltje per keer. Niet dat het zo leuk is wat er nu met de wereld gebeurt. De natuur neemt wraak op wat de mens haar aandoet: bossen kappen, vervuiling, olie en gas opmaken. En dan nu corona. Het zou mij niet verbazen als er steeds weer nieuwe varianten van het virus komen, die we op een gegeven moment niet meer kunnen bestrijden. Ik zie het somber in.'

Heeft u ooit ergens spijt van gehad?

Zonder aarzelen: 'Van slechts één ding: dat ik vorig jaar onze auto heb weggedaan. Ik mis hem. Van mij hoefde het niet, maar onze dochter zei dat ze elke keer als ik achter het stuur zat, trilde van angst dat ons iets zou overkomen.'

Anna: 'We mogen niet klagen, want ze doet alles voor ons.'

Nico: 'Ja, zoals de boodschappen. Maar wat ik kwijt ben, is mijn vrijheid. We gingen elke week naar de supermarkt in Winschoten, waar een koffietafel staat en we steeds hetzelfde ploegje mensen ontmoetten. Die hebben we nooit meer gezien. Ik lees veel boeken, vier thrillers per maand, en merk dat ik een sterkere leesbril nodig heb. Tot een jaar geleden had ik de auto kunnen pakken om naar de opticien te gaan, maar dat kan nu niet. Voor het verlies van de vrijheid komt afhankelijkheid in de plaats. Dat is het moeilijkste van oud worden.'

‘We moeten optimistisch blijven, de wereld is niet zo zwart als hij lijkt’

Marie Verbraeken

GEBOREN: 18 maart 1921 in Lamswaarde

Als iemand het in het leven voor de kiezen heeft gekregen, dan is het Marie Verbraeken wel. Ze maakte gruwelijke dingen mee in gevangenschap in oorlogstijd, haar ouders verongelukten toen ze 35 jaar was, ze verloor twee zoons, van wie een nog steeds als vermist staat geregistreerd. Maar ze is er 100 jaar mee geworden en wie haar ontmoet en naar haar verhalen luistert, neemt met een optimistisch gevoel weer afscheid.
De ‘oudste nog levende Zeeuwse verzetsstrijder’, zoals Omroep Zeeland op zijn website schreef, woont nog zelfstandig in Westzaan. Op de oprijlaan van haar twee-onder-een-kapwoning staat veelbelovend een auto geparkeerd. In haar woning is geen rollator of steunbeugel te bekennen. Bij binnenkomst in haar lichte woonkamer met jarenvijftigmeubelen, valt meteen een grote collectie wonderschone vazen en kleurrijke sculpturen op, in vensterbanken en op de vloer. ‘Allemaal zelf gemaakt.’

In wat voor gezin bent u opgegroeid?

‘Ik was de oudste in een katholiek gezin met acht kinderen. Dat betekende dat ik vanaf mijn 12de van school moest om te helpen met het huishouden en in de winkel van mijn ouders. Elke zondag gingen we naar de kerk. Niet gaan was een doodzonde, dan kwam je in de hel terecht, zo werd iedereen ingeprent. Omdat mijn ouders het zes dagen in de week druk hadden met de winkel, werden we opgevoed door mijn grootmoeder. Zij is jong wees geworden. Ze was 9 jaar, haar zusje 11, toen de pastoor de twee na de mis op het kerkplein op een bierton zette. De boer die het meeste geld in de armenkas deed, mocht ze hebben. Haar zus werd zo knecht op een boerderij, mijn oma kindermeisje bij een andere boer. Ik heb het over 1864, dat is nog niet eens zo heel lang geleden.'

Hoe ziet uw gemiddelde dag eruit?

'Ik sta om 8 uur op en ga dan in mijn duster uitgebreid *Trouw* en de streekkrant lezen. Ik drink koffie, eet een broodje en dan ga ik mij wassen en aankleden. Voordat ik met de auto boodschappen ga doen, wandel ik een halfuur, soms langer, in de buurt. Na een middagdutje spreid ik in de garage of hier op tafel een plaid uit en ga uren boetseren. Geef mij een homp klei en ik ben van de wereld. Het is een verslaving. Ik bak en glazuur het resultaat in een oventje. Om 18 uur kijk ik altijd het NOS *Journaal*, daarna ga ik koken en eten. Gisteren een half pond snijbonen met een aardappel, een ei en wat boter en mosterd erbij. Alles paste in één pan. Griekse yoghurt toe, met wat druppeltjes Roosvicee voor de vitamines. Om half 10 ga ik op de bank een boek lezen, tot 23 uur. Ik lees detectives, autobiografieën en geschiedenisboeken.'

Hoe bent u de lockdowns tijdens de coronapandemie doorgekomen?

'Ik wist me geen raad met mezelf en werd depressief. Ik miste mijn contacten en activiteiten. Op maandag ging ik altijd zwemmen, dinsdag naar de cursus pottenbakken, woensdag naar yoga, donderdag en vrijdag klaverjassen in het bejaardenhuis. Ook kon ik niet meer naar scholen om te vertellen over mijn oorlogservaringen en jongeren voor te houden dat haat nog nooit iets goeds heeft opgeleverd. Uit verveling ging ik tijdens de lockdowns veel tv-kijken en roken, wel twaalf sigaretten op een ochtend. Roken heb ik in de oorlog geleerd, in de gevangenis. In de kerstdoos van het Rode Kruis zat tussen al het lekkers een pakje sigaretten.'

Kwamen tijdens de lockdown nare oorlogsherinneringen naar boven?
'O ja, maar meer nog was ik bezig met mijn vermiste zoon. Daar kreeg ik het weer erg moeilijk mee. Piet was 42 jaar toen hij ineens verdween. We hebben nooit meer iets van hem vernomen. Hij woonde in Amsterdam en werkte als technisch tekenaar bij een bedrijf. Op 3 januari 1993 ging in de ochtend de telefoon. Het was zijn baas: "Weet u waar Piet is?" Hij was niet op zijn werk verschenen. We konden hem nergens vinden en zijn naar de politie gegaan, maar die stelde geen onderzoek in omdat er geen aanwijzingen zouden zijn van een misdrijf. Hoe wisten ze dat? We hebben toen zelf Schiphol gebeld met de vraag of hij het vliegtuig had genomen, maar daar mochten ze geen informatie over geven. Zijn vermissing is in de krant gekomen en op tv, maar er is nooit iets opgehelderd. Tijdens de lockdown ging ik mij weer afvragen: wat is er toch gebeurd, waar zou hij zijn? Er zijn 28 jaar verstreken en ik weet nog steeds niks. Piet was zo'n goede jongen, hij stond voor iedereen klaar.'

Drukt de vermissing van uw zoon zwaarder op uw gemoed dan uw oorlogservaringen?
'Ja, want dit moet ik alleen dragen en gevangenschap beleef je samen. We hebben zoveel steun aan elkaar gehad, toen we in Haaren met vier vrouwen in een cel van twee bij drie meter opgesloten zaten. De Duitsers konden ons niet kapot krijgen. Hetty Voûte (verzetsstrijder, *red.*) schreef met een potlood op de muur: "In de-

ze bajes zit geen gajes, maar Hollands Glorie potverdorie". Later in het concentratiekamp in Vught heb ik schokkende dingen meegemaakt.' Ze valt even stil, wil er niet over vertellen, staat op en loopt naar boven om terug te komen met een zelfgeschreven autobiografisch boekje. 'Lees later maar.'

Waarvoor werd u opgepakt?

'Ik was koerierster, verzorgde voedselbonnen voor Joodse onderduikers bij ons in de buurt in Lamswaarde, een dorp in Zeeuws-Vlaanderen. Een man heeft mij verraden, nadat al zijn tanden uit zijn mond waren geslagen. Daarna is hij geëxecuteerd.'

In Haaren heeft u ook drie maanden alleen opgesloten gezeten in een donkere cel. Hoe heeft u dat doorstaan?

'Het raam van mijn cel was dichtgemaakt met bakstenen, met een klein kiertje voor frisse lucht bovenaan. Ik heb heel veel gebeden, gedichten geschreven, lichamelijke oefeningen gedaan en geborduurd.' Ze staat op om een lange witte strook katoen te pakken met rood borduurwerk: een verdrietig meisje achter tralies, en teksten als 'Standvastig is gebleven mijn hert in tegenspoed'. 'Die strook heb ik met mijn tanden uit mijn laken gebeten en gescheurd. Het rode garen waren sliertjes uit een touw om het pakket van het Rode Kruis, dat ik uit elkaar heb gepeuterd. De naald kreeg ik van de vloerwachter, die de emmer waarin ik mijn behoefte moest doen, ophaalde.'

Hebben uw verzetswerk en gevangenschap uw latere levenskeuzes bepaald?

'Het is mijn moeder die mijn levenskeuzes heeft bepaald. Zij was een sterke, realistische vrouw met een groot rechtvaardigheidsgevoel. Ze gaf mij mee altijd eerlijk te zijn en twee kanten van een verhaal te zien. Ze stond in het dorp bekend om haar goedheid. Met mijn vader bestierde ze een winkel: een bakkerij en kruidenier. Als er armen in de winkel kwamen, rekende zij een lagere prijs en deed er een zak boterbabbelaars bij. Voor de Kerst kleedde ze de kinderen uit deze gezinnen van top tot teen aan, zelf genaaid. Mijn sterke rechtvaardigheidsgevoel heb ik van mijn moeder meegekregen. Als ik iets onrechtvaardigs zie, doe ik mijn mond open.'

Ze vertelt, met een plotse opwinding en versnelling in haar praten, over een voorval kort voor de lockdown. In het bejaardenhuis waar ze twee keer per week ging klaverjassen, zat op een dag een zwarte man in een rolstoel stilletjes rond te kijken. Zegt een van de dames bij haar aan tafel, afkeurend naar hem kijkend: "Er komt hier ook van alles binnen." Ik zei: "Wat is er mis met een zwarte man?" Er viel een stilte. Ik was zó woedend, dat ik ben opgestaan en weggelopen. Die man heb ik daar nooit meer gezien.'

Hoe kijkt u aan tegen de huidige tijd van haatzaaierij en polarisatie?

'We zitten in het dieptepunt van een transitie naar een nieuwe tijd. We leven in een periode van machtswellust, eigenbelang en polarisatie. Rellen zijn tekenen van stress, het zijn overspannen jongeren die gefrustreerd zijn geraakt door de beknottingen vanwege corona. Die frustraties zoeken een uitweg. Ik denk aan mijn broer, die na de bevrijding een luik bij de buren loswrikte en door het raam gooide, omdat ze NSB'ers waren. Vreselijk, vonden mijn ouders, maar hij zocht een uitlaatklep voor zijn woede. Ik vind dat het recht zijn werk moet doen en rellende jongeren bestraft moeten worden, maar laten we er geen haatcampagne van maken, maar met hen in gesprek gaan.'

Welke uitweg ziet u uit de toenemende polarisatie?

'Voor alles moeten we optimistisch zijn. We moeten erdoorheen en komen er weer uit, want zoals altijd komen er onherroepelijk tegenkrachten en die zijn ook nu al in opkomst. We moeten de blik meer naar binnen richten en niet zo de strijd met elkaar aan-

gaan. En ons realiseren dat de wereld niet zo zwart is als hij lijkt, en de meeste mensen goed zijn. Ik denk nu aan mijn moeder. Op een dag in de oorlogsjaren dronken we in de tuin warme chocolademelk en zagen we een Duitse soldaat in de tuin van de buren voor zich uitstaren, met betraande ogen. Mijn moeder wenkte hem en knoopte een praatje met hem aan. Hij vertelde dat hij aan zijn vrouw dacht. Ze was alleen achtergebleven, zwanger en met een peuter. Ze moest nu in haar eentje hun slagerij runnen. Onze andere buurvrouw kwam de volgende dag op hoge poten naar ons toe, ze had de ontmoeting gezien en beet mijn moeder toe: "Jullie halen de vijand in huis!" Waarop mijn moeder zei: "Hij is een mens." Daar gaat het om: altijd de mens blijven zien in de ander.'
Marie Verbraeken schuift een A4'tje over de tafel met een zelfgeschreven gedicht.

Ter overdenking

Als een mens geboren wordt, is de enige zekerheid in zijn leven... De Dood.
Echt leven is de uitdaging aangaan.
Leven is... benieuwd zijn en willen leren.
Ook van je fouten.
Leven is... er zijn voor anderen.
Maar ook jezelf niet vergeten.
Leven is... liefhebben en bemind worden.
Leven is... vertrouwen op de toekomst.
Maar er ook voor zorgdragen.
Leven is... reëel zijn maar nooit wanhopen.
Leven is... vallen als je je niet meer staande kunt houden. Maar steeds weer opstaan.
Leven is... verdriet toelaten maar ook volop genieten van de goede dingen.
Leven is ten slotte sterven en misschien... wie weet... opgenomen worden in een eeuwige liefdevolle energie.

Marie Verbraeken maakt impliciet duidelijk dat de koek voor vandaag op is. Maar ze wil haar bezoek nog wel graag naar het station brengen in haar rode Renault Twingo. Na een compliment over haar pittige rijstijl zegt ze: 'Ja, dat hoor ik vaker. Over een halfjaar verloopt mijn rijbewijs, dan is het ook wel tijd om te stoppen.'

‘Een dag niet bewegen is een verspilde dag. Ik ga nog elke dag een blokje om’

Henk Blok

GEBOREN: 4 januari 1922 in Den Haag

Vlak achter de duinen van Kijkduin woont in een straatje met kleine geschakelde bungalows Henk Blok met zijn 86-jarige vrouw. De voormalige sprinter en gymleraar gaat de sportgeschiedenisboeken in als de coach van het eerste Olympische herenvolleybalteam van Nederland. Het strand, waar hij zo vaak en zo graag ging hardlopen, is onbereikbaar voor hem geworden. Maar hoe klein zijn actieradius ook is geworden, hij moet en zal elke dag een blokje om. Want een dag zonder beweging, is een verspilde dag, vindt de 100-jarige.

Hoe heeft u uw 100ste verjaardag gevierd?

‘We zouden uit eten gaan met familie en vrienden, maar door de lockdown hebben we dat moeten afzeggen. Ik dacht dus dat het een rustige dag zou worden, maar in de ochtend van 4 januari stonden alle buren uit onze straat voor het raam, ze hadden de straat met vlaggetjes versierd en gingen voor mij zingen. Er zijn die dag zestig mensen langsgeweest, familie en bekenden. Ze kwamen een voor een en kregen in de garage een taartje. Daar had mijn vrouw Annet voor gezorgd, die bleek in het complot te zitten, ik wist nergens van. Een oud-collega van de sportacademie in Den Haag waar ik les heb gegeven, had een draaiorgel geregeld. Ik kreeg 260 ansichtkaarten van oud-studenten en oud-collega's, vol anekdotes.'

Wat schreven uw leerlingen zoal over u?
'Dat ze bij nader inzien in hun loopbaan veel hebben gehad aan de discipline die ik hen had bijgebracht.'

Was u een strenge docent?
'Sommigen vonden mij streng, anderen niet. Er werd gezegd dat ik goed kon optreden en mijn zegje kon doen. Regels en discipline vond ik inderdaad belangrijk. Als een leerling te laat in de les kwam, zei ik: "Je bent niet welkom meer, daar is het gat van de deur." Als je iets doet, moet je het goed en serieus doen, vind ik. Dat zal zich later vanzelf uitbetalen.'

Heeft u een strenge opvoeding gehad?
'Ja, ik kom uit een streng, zeer gereformeerd gezin. Je neemt veel dingen over die voor je ouders belangrijk waren. Discipline was er een van. Ik zat in het schuitje en vaarde mee, daar voelde ik mij wel bij. Ik denk met liefde terug aan mijn ouders. Mijn vader was wel vrij streng. Als we zondags gingen wandelen en langs een tennisveld liepen waar ik wilde stoppen om de wedstrijd te bekijken, zei hij: "Doorlopen!" Op zondag sporten was een doodzonde, ernaar kijken ook. Op zijn sterfbed bood hij daar zijn excuses voor aan: "Henk, neem het mij niet kwalijk, ik dacht dat het zo moest." Ik antwoordde iets als: "Dat is best vader, geef u maar over, u kunt rustig sterven."'

Toch werd u sportdocent en amateursporter.
'Ik mocht van mijn ouders wel naar een christelijke gymnastiekvereniging. Ik merkte dat sporten erg belangrijk voor mij was en ging daarom na de hbs naar de Halo, de Haagse academie voor

lichamelijke opvoeding, om te worden opgeleid tot sportleraar. Na het behalen van mijn diploma mocht ik blijven om er docent te worden. Ik heb er tot 1986 gewerkt, naast banen als sportleraar op middelbare scholen en Nyenrode. In mijn vrije tijd deed ik aan atletiek. Ik was goed in de 100 meter sprint en verspringen. Mijn snelste tijd was 11,04 en ik kon ruim zes meter ver springen. Ik deed mee aan landelijke wedstrijden.'

Ik zit dus tegenover een voormalige topsporter?
'Dat kunnen we gerust zo stellen, daarvan is geen woord overdreven.'

Hoe kwam u vlak na de oorlog op het idee een van de eerste damesvolleybalteams van Nederland op te richten?
'Volleybal werd tot 1945 niet beoefend in Nederland. Amerikaanse soldaten hadden netten en ballen achtergelaten, dus ik dacht: laten we het eens proberen. Ik ben regels gaan opstellen. Op de Haagse atletiekvereniging Celebes, waar ik sportte en lesgaf, richtte ik een volleybalteam voor dames op. We werden een paar keer landelijk kampioen en toen werd ik in 1949 gevraagd coach en trainer te worden van het nationale team, waarmee we naar het Europees Kampioenschap in Praag gingen, dat was toen nog in het Oostblok. Door deze successen mocht ik ook het nationale herenteam gaan trainen. Na een spannende wedstrijd tegen Italië werden we kampioen van West-Europa en mochten we in 1964 naar de Olympische Spelen in Tokio. Volleybal was daar voor het eerst een Olympische sport.'

Welke herinneringen heeft u aan de Spelen in Tokio?
'Ik herinner mij vooral dat Japan een openbaring was. Het was een geheimzinnig land waar je weinig van wist. Ik kende alleen de verhalen over hoe gemeen de Japanners waren geweest tijdens de Tweede Wereldoorlog in Nederlands-Indië. Maar de Japanners

die ik in 1964 in Tokio ontmoette, waren heel anders: voorkomend en behulpzaam. Als je hulp nodig had, staken ze je graag een hand toe. We kregen allemaal een eigen geisha in een kimono. Ze zei je goedemorgen als je wakker werd en maakte je bed op. Met het volleybalteam werden we achtste op de Spelen.'

Wat vindt u van de diplomatieke boycot van sommige landen van de Olympische Winterspelen in China?

'De wijze waarop China met de Oeigoeren omgaat, is niet goed. Maar politiek heeft niet veel te maken met sport, die twee moeten gescheiden blijven. De Olympische Spelen zijn ooit bedacht om volkeren bij elkaar te brengen. Het zou mooi zijn als dat zou kunnen, hoewel de wereldvrede nu ver weg lijkt.'

Hoe is het voor een oud-topsporter op leeftijd om niet meer fanatiek te kunnen sporten?

'Je wordt langzaam afhankelijk van anderen. Ik wil mensen niet tot last zijn, ook al gebruik ik dat woord liever niet. Ik heb moeite mijn evenwicht te bewaren, dus als ik loop moet ik het zwaartepunt naar voren brengen, anders val ik achterover. Daarom ga ik achterstevoren de trap af.'

'Ik heb lang veel sporten beoefend, naast atletiek ook volleybal, windsurfen en skiën. Ik ging vaak hardlopen hier op het strand. Tot ruim een jaar geleden speelde ik nog wekelijks golf. Ik ben ermee gestopt toen we mondkapjes moesten dragen, toen verloor ik de animo. Maar ik kom nog elke dag in beweging. Want een dag niet bewegen is een verloren dag. Dagelijks ga ik een blokje om hier in de buurt, tenzij het regent, dan pak ik de looptrainer. Maar buiten wandelen, liefst in de natuur, heeft mijn voorkeur. Daar word ik blij van; ik kijk naar de vogels en alles wat groeit en dan voel ik mij een met de natuur. Van alle sporten is wandelen de belangrijkste, dat is onze natuurlijke beweging.'

Hoe ziet uw gemiddelde dag eruit?

'Het begint er natuurlijk mee dat je wakker wordt en op een gegeven ogenblik beslist: nu ga ik mijn bed uit. Daarna loop ik hier rond om een en ander te regelen, zoals de gordijnen openen en medicijnen innemen. Dan loopt zo'n dag verder. In de ochtend ga ik dus een blokje om en in de middag lees ik vaak, ik ben net begonnen in het boek *Made in Europe* van Pieter Steinz. Ik zit het liefst bij het raam, dan kan ik naar de vogels in de tuin kijken. In de ochtend trekken de meeuwen van zee het land in en 's avonds zie ik ze weer terugvliegen. Je ziet dat ze plezier hebben. Vaak zit ik ook voor mij uit te kijken. Dan vraagt mijn vrouw: "Ben je in slaap gevallen?" "Nee," zeg ik dan, "ik zit weg te dromen."'

Wat ziet u in uw dagdromen?

'Ik zie mijn ouders. En mijn kinderen en kleinkinderen. Ik volg ze in wat ze doen. Dat zijn alleen maar prettige beelden, want ze doen het heel goed allemaal. Ik denk tijdens mijn dagdromen ook nog vaak terug aan mijn grootmoeder, een bijzondere en lieve vrouw, zoals dat heet: een echte moeder voor haar kinderen en kleinkinderen. Zij was een Zeeuwse en is in 1953 verdronken bij de Watersnoodramp, 85 jaar oud. Toen het water haar huis in Kruiningen binnenstroomde, wilde ze in de gang de trap op lopen om zichzelf boven in veiligheid te brengen. Maar door de druk van het water kreeg ze de deur naar de trap niet open. En zo is ze in de gang verdronken. Wat moet ze geleden hebben. Mijn tante, die boven woonde, heeft het wel overleefd.'

'Mijn vader belde mij de volgende dag op en zei dat we naar Kruiningen moesten omdat hem was gevraagd zijn moeder te identificeren. We zijn er samen in de auto naartoe gereden. Daar aangekomen zei mijn vader: "Ga maar niet mee naar binnen, want dit is niet leuk." Hij wilde mij een moeilijk moment besparen, maar ik heb er nog altijd spijt van dat ik niet mee naar binnen ben gegaan. Dan had ik afscheid van mijn grootmoeder kunnen nemen en haar dood denk ik beter kunnen verwerken. Haar verdrinkingsdood grijpt mij nog steeds aan, ik heb er vaak verdriet om, zo'n lieve vrouw.'

Na een korte stilte: 'Als ze mij vragen of ik langer wil leven dan 100 jaar, dan zeg ik: het hangt ervan af wat het leven mij biedt. Voor mijn kinderen en kleinkinderen wil ik graag nog een poos door. Zolang mijn vrouw is zoals zij is, zo flink en vitaal als nu, ben ik happy. Mijn familie is de kurk waarop ik drijf.'

‘Ik zeg iedereen recht in het gezicht de waarheid’

Ankie Lindgreen

GEBOREN: 16 oktober 1921 in Grootegast

Met haar honderd levensjaren gaat Ankie Lindgreen er prat op de oudste fysiotherapeut van Nederland te zijn. Ze heeft tot haar pensioen fulltime gewerkt en altijd een goed leven gehad, vertelt ze. Sappelen was er nooit bij. Vanuit haar rijk gedecoreerde koopappartement met vijf kamers op vier hoog in het heuvelachtige Berg en Dal, heeft ze een magnifiek uitzicht over de lager gelegen Ooijpolder en de grote tuin rond de serviceflat. In de vensterbank naast haar stoel ligt een verrekijker waarmee ze deze dag de verrichtingen van de tuinman nauwgezet volgt. Ze houdt van een lolletje en speelt graag *hard to get*. Zo is ze niet van plan elke vraag die ze voorgeschoteld krijgt braaf en uitvoerig te beantwoorden.

Hoe is het om 100 jaar te zijn?
‘Hetzelfde als 99 jaar.’

En dat betekent?
‘Dat ik nog steeds elke dag de planten water geef, koffie en thee zet, en in de avond check of de buitendeur wel op slot is. Dan heb ik een loopje met mijn grote vriend de rollator. En ik regel het huishouden.’

Doet u nog alles zelf?
'Nee, ik kijk toe terwijl mijn werkster Coby door het huis gaat.'

Wat mist u wat u niet meer kunt?
'In een andere stoel kunnen zitten. Vanuit de opsta-stoel waarin ik nu zit, kan ik de Ooijpolder niet zien, maar alleen de voortuin. Ik ga nog wel eens per ongeluk in die andere stoel bij het raam zitten, dan ben ik uren bezig om er weer uit te komen. Mijn knieën doen het niet zo goed meer.'

U kunt dus wel een tweede seniorenstoel gebruiken?
'Dat komt wel als ik 105 ben.'

Heeft u nog een beetje lol in het leven?
'O ja, waarom niet? Ik doe alles met plezier. Vooral naar buiten kijken doe ik graag, daar gebeurt altijd wel wat. Het enige wat niet meer zo goed werkt is mijn stem, die is wat zacht geworden.'
Ze pakt de verrekijker. 'Even zien wat er beneden gebeurt.'
Na aandachtig turen: 'De tuinman is nu klaar met het wieden van het perkje.'
En dan: 'Ik keek ernaar uit om 100 jaar te worden en dacht dat als het eenmaal zover was, het wel klaar zou zijn. Maar ik ben het nu al heel wat weken.'

U bent geliefd hier in de serviceflat om uw vrolijkheid en humor, hoorde ik.
'Verliefd? Nee hoor, dat is over. Ik hou nu van bloemen en planten. En lunchen met mijn neven en nichten. Om half 5 vrijdags is er een borrel hier beneden. Vroeger was het gezelliger, want toen waren er meer mannen bij. Met mannen kan ik goede gesprekken voeren. De borrel smaakt overigens nog goed.'
'Ik ben een hbs-b mens, van de wiskunde en alle andere bètavakken. Dan houd je niet van roddelen. Met mijn vriendinnen,

die allemaal dood zijn – overleden moet ik eigenlijk zeggen – deed ik dat nooit. "Roddelen schaadt uw volk", was een gezegde van vlak na de oorlog. Ik zeg iedereen altijd recht in het gezicht de waarheid. Een hbs-b mens is nuchter. Maar dat ben ik niet altijd hoor.'

Wanneer bent u niet nuchter?

'Als ik slaap.'

Ze pakt haar verrekijker er weer bij en bestudeert een oude lindenboom. 'Kijk, hij loopt uit, maar zie je de kale top? Ik ben benieuwd of daar nog iets gaat gebeuren.'

Had u een meisjesdroom, en is die uitgekomen?

'Ik wilde huisarts worden en ging daarom na de hbs-b medicijnen studeren in Groningen. Er waren niet veel vrouwelijke studenten in die tijd, maar dat was voor mij niks bijzonders. Ik ben opgegroeid in een gezin met vijf jongens, dus ik was wel wat gewend.'

'Ik woonde op kamers en was lid van studentenvereniging Vindicat atque Polit. We hadden ontgroeningen, maar niet zo pittig als tegenwoordig. In 1943 sloot de universiteit en moest ik mijn studie afbreken. Huisarts ben ik nooit geworden.'

Was dat een teleurstelling?

'Nee. Het was oorlog, dus iedereen had zo zijn teleurstellingen te verwerken. Ik ben meteen een andere opleiding gaan doen in Utrecht: heilgymnastiek en massage, en daarna fysiotechniek in Amsterdam. Ik ging aan de slag als fysiotherapeut, eerst in een ziekenhuis in Enschede en later in een praktijk in Nijmegen en hier in Berg en Dal. Tot mijn pensioen heb ik fulltime gewerkt. Patiënten zette ik allemaal naar mijn hand. Hoe ik dat deed? Dat is geheim.'

U bent dus niet, zoals veel vrouwen van uw generatie, ontslagen zodra u ging trouwen?
'Nee natuurlijk niet.'

Dat gebeurde in die tijd om de haverklap.
'Zoiets zal mij niet overkomen.'

Op kamers wonen was voor een jonge vrouw ook uitzonderlijk, de meesten bleven thuis tot ze gingen trouwen.
'Echt waar? Daar moet ik niet aan dénken! *Gjin gjalp*. Dat is Fries voor geen gezeur.'

Wie was uw grote liefde?
'Mijn Dé. Zo noemde ik hem, eigenlijk heette hij Wim.'

Wat trok u in hem aan?
'Dat gaat je niets aan, haha.'
'Hij was een lekkere, lange man. Hij studeerde ook aan de universiteit. Dat vond ik belangrijk want ik wilde ook wat worden. Wilde een man kans maken bij mij, dan moest hij dat wel goed vinden.'

U was niet van een leven achter het aanrecht.
'O nee, ik wilde eigen baas zijn. Ik heb goed verdiend, anders had ik hier nooit kunnen wonen.'

Was Dé uw eerste en enige liefde?
(Ondeugende lach.) 'Je moet een beetje afwisseling hebben. Zo ontdek je wie wel en niet bij je past. Kort na onze eerste ontmoeting moest Dé voor zijn werk naar Indonesië. Hij was ingenieur en moest op Java een heel dorp onder handen nemen, zoals de aanleg van wegen. In die tijd schreven we elkaar brieven, heel gezellige brieven. Ik heb ze niet bewaard.'

Heeft u op hem gewacht?

'Hij had even een ander, en ik ook. Tijdens een skivakantie in Oostenrijk leerde ik een Zweed kennen, Helger Landström. Hij kon aardig schilderen. Toen Dé na twee jaar weer terugkwam uit Indonesië, zocht hij mij meteen op. Ik zag hem aan voor zijn broer Jan, want hij droeg een snor. Dé hoefde geen moeite te doen mij te heroveren, want het was vanaf het eerste moment weer duidelijk dat het goed paste tussen ons.'

In uw huis schijnt een tekening van een berglandschap te hangen, die de Zweed voor u maakte.

'Wie heeft dat verteld? Ik ben betrapt, haha.'

Wat vindt u de belangrijkste verandering van de afgelopen eeuw?

'Dat wij vrouwen tegenwoordig iets te vertellen hebben, en niet alleen de mannen. Op mijn werk luisterde trouwens iedereen naar mij, ook in het ziekenhuis.'

In wat voor gezin bent u opgegroeid?

'Mijn vader was predikant van de hervormde kerk. Ik speelde vaak orgel tijdens de dienst. Hij was een goede vader, streng op zijn tijd. Drie keer is hij getrouwd. Zijn eerste vrouw stierf in het kraambed, baby Hans overleefde wel. Hij hertrouwde met Cornelia, mijn moeder. Zij stierf toen ik 2 jaar was. Ik ben grootgebracht door zijn derde vrouw, mijn tweede moeder Helena. Met haar kreeg mijn vader nog een dochter en vier zoons. We woonden met zijn negenen in Grootegast. We hadden het goed, ook in de oorlog was er genoeg te eten. Vanuit de steden kwamen ze naar het noorden om voedsel bedelen.'

Heeft u een biologische moeder gemist?

'Nee. Mijn tweede moeder was als een echte moeder voor mij. Ze behandelde mij net zo als de andere kinderen en maakte nooit onderscheid. Naast haar eigen vijf kinderen zorgde ze dus voor twee kinderen van twee andere moeders, Hans en ik. Ik speelde wel eens een spelletje met haar en zei dan: "Je bent mijn moeder niet!" Gemeen hè? Dan was Helena in tranen.'

Had u zelf moeder willen worden?

'Het was geen bewuste keuze geen kinderen te krijgen. Wat je niet kent kun je ook niet missen. Ik heb gelukkig een leuke familie. Mijn broers en zusje leven niet meer. Wel heb ik nog twee schoonzussen en heel veel neven en nichten. Dat wordt dus een dure begrafenis.'

Ze tuurt weer een moment naar buiten.

'Mijn eerste moeder is van de Blooker-familie, van de cacaofabriek Blooker in Amsterdam, die naam ken je toch wel? Het merk bestaat nog steeds. Ze was bevriend met prinses Juliana. Ze hebben samen gestudeerd, wat precies weet ik niet meer. Toen ik in 1955 met Dé trouwde, wilde ik dat ter ere van mijn moeder graag doen in de Julianakerk in Den Haag. Koningin Juliana ging daar vaak ter kerke. Het lukte daar toestemming voor te krijgen. Mijn vader mocht ons huwelijk inzegenen.'

U bent vrij kort van stof, spaart u uw stem of geeft u zichzelf niet graag bloot?

'Ik ben een Friezin, die vertelt niet alles. Als ik kort antwoord geef op je vragen, kan ik weer snel verder met mijn gedachten. Zet er aan het eind van dit interview maar bij: Ankie is een beetje oud.'

‘Ik haal levensvreugde uit liefdesliedjes met tedere teksten’

Jos Wessels

GEBOREN: 1 april 1921 in Batavia

Jos Wessels moest 100 jaar worden om de onderscheiding te krijgen die hij al tientallen jaren eerder had moeten ontvangen: het Ereteken van Orde en Vrede voor oud-KNIL-militairen die in Nederlands-Indië hebben gediend. Hij was over het hoofd gezien en tot op de dag van vandaag is het hem een raadsel wie dat heeft ontdekt. In ieder geval leverde het een bijzondere verjaardag op, op 1 april 2021. Twee militairen stonden te salueren voor zijn rijtjeshuis in Zeewolde. Een Amerikaanse Dodge vervoerde de veteraan naar het gemeentehuis, waar hij in aanwezigheid van een delegatie van het ministerie van Defensie een medaille kreeg opgespeld. De 100-jarige groeide op in het voormalige Nederlands-Indië, dat hij op zijn 42ste verruilde voor Nederland. Hij woont nog zelfstandig, kookt zijn eigen potje – gekruid met sambal oelek – en luistert graag naar liefdesliedjes. Zijn steun en toeverlaat is Renate, de huishoudelijke hulp die drie keer in de week komt.

Wat is uw dierbaarste jeugdherinnering?

‘Ik was een heel bescheiden jongen en bang om een blauwtje te lopen. Na schooltijd zat ik vaak buiten op een bankje mijn huiswerk voor de hbs te maken. Op een dag zag ik op dat bankje een briefje liggen. Er stond geschreven: "Wie is die jongen die altijd op mijn bankje zit?" Dat was de gelukkigste dag van mijn leven, want het was de eerste keer dat een meisje belangstelling voor mij had. Ik weet haar naam nog: Lies Tysonsk, een Poolse. Ik heb haar nooit meer gezien. Want kort daarna brak de oorlog uit. Ik heb jaren moeten vechten, vechten, vechten.'

U diende niet vrijwillig in het Koninklijk Nederlands-Indisch Leger (KNIL), in het toenmalige Nederlands-Indië?

'Nee, ik moest verplicht in dienst. Niet veel later brak de oorlog uit, na de capitulatie op 8 maart 1942 zat ik 3,5 jaar in krijgsgevangenschap bij de Jappen. We werden als sardientjes in een blikje op een schip naar Thailand vervoerd, waar we in de jungle als dwangarbeiders aan de Birma-spoorlijn moesten werken. Het was er zo heet, dat ik een keer 's nachts besloot mijn matje buiten de barak van bamboe neer te leggen. Een paar uur later werd ik weer wakker, nu niet van de hitte, maar omdat witte mieren mijn matje hadden opgegeten.'

Ongeveer honderdduizend dwangarbeiders zijn tijdens hun werk aan de spoorlijn gestorven aan ziektes en uitputting, u bent er nog. Wat is uw geheim?

'Moet ik nog meer over de oorlog vertellen, nee toch? Ik ben gelukkig niet zoveel bezig met die tijd, droom er ook niet over. Dat ik de dwangarbeid heb overleefd is een kwestie van geluk, misschien heb ik bescherming gehad van hogerhand. Het was zwaar werk, in moeilijke omstandigheden. Eerst moest ik zand scheppen voor het talud van de spoorlijn, en bomen kappen voor de dwarsbalken. Later moest ik met een hamer van vijf kilo krammen in de houten reling voor een brug slaan, staand op dwarsbalken, hoog boven de rivier.'

'Tijdens een van de bombardementen van de Amerikanen besloot ik met mijn hamer in de hand de rivier in te springen. Ik ging met de stroom mee en wist verderop op de kant te klimmen. Ik zat onder het rivierzand, tot in mijn ogen, maar dacht: ik ben er tenminste nog. Een andere keer dook ik in een krater van een eerder bombardement. Bij artilleriebeschietingen wist ik mij in veiligheid te brengen achter een oude boom. Ik ben telkens aan de dood ontsnapt. Na afloop van de oorlog moest ik, zwaar vermagerd, meteen weer in dienst van de KNIL om tegen de terroristen te vechten.'

U bedoelt de Indonesiërs die streden voor onafhankelijkheid, tegen de Nederlandse kolonisator?

'Ze hebben verschrikkelijke dingen gedaan, gemoord en verkracht. Beel (toenmalige premier, *red.*) en Schermerhorn (voorzitter van de Commissie-Generaal voor Nederlands-Indië, *red.*) wilden af van Nederlands-Indië. Na 400 jaar. Nu nog zie je in Indonesië wat de Nederlanders voor het land hebben gedaan: de infrastructuur en irrigatiewerken zijn dankzij Nederland aangelegd. Zo'n mooi land, ze hebben er wel vijf soorten mango's, om maar iets te noemen.'

Het klinkt alsof u betreurt dat Indonesië niet meer bij Nederland hoort.

'Ik vond het jammer, ja. Ik ben er geboren. Ik had er graag willen blijven wonen. Maar dan was ik waarschijnlijk geen 100 jaar geworden. Overdag is het er 32 graden, in de nacht 24. Toen ik in 1963 naar Nederland kwam, zat niemand op mij te wachten. Er was geen instantie die Nederlanders uit Indië opving. Donkere mensen zagen ze liever niet. Ik draag nog altijd een witte *melati* (Indische jasmijn, *red.*) op mijn jas, zodat te zien is dat ik uit Nederlands-Indië kom.'

Was het lastig hier een nieuw bestaan op te bouwen?

'Gelukkig kon ik in het begin bij een tante en oom in Den Haag inwonen. Het was in die tijd heel moeilijk om aan woonruimte te komen. Ik ging aan de slag bij de Koninklijke Nederlandse Stoombootmaatschappij. Ik deed de acquisitie en het afhandelen van vracht van kleine rederijen uit Noorwegen, die via de overslag in de Amsterdamse haven naar Zuid-Amerika voeren. Later ging ik werken bij een pakketvaartmaatschappij. Zodra ik met pensioen kon, ben ik met mijn vrouw in Frankrijk gaan wonen, 30 jaar lang, in een zelfontworpen huis in Campagnac-lès-Quercy. Vandaag kreeg ik nog een brief van vrienden daar.'

Wie was de liefde van uw leven?

'Elvira Maria Jongeling. Ik heb haar in Hollandia, in Nieuw-Guinea ontmoet. Ik was toen nog getrouwd met mijn eerste vrouw. Mijn eerste vrouw was stinkend jaloers op mijn broer, omdat die kinderen had en wij die niet konden krijgen. Ze wilde mij helemaal bezitten en dat moet je niet doen bij een ram, want een ram heeft vrijheid nodig. Het kwam tot een breuk. Ik moest haar pijn doen. Elvira begreep mij. Jaren later is zij van haar man gescheiden en zijn wij getrouwd, ze had vier kinderen, drie dochters en een zoon.'

Wie is momenteel de belangrijkste persoon in uw leven?

Jos Wessels kijkt opzij en wijst naar Renate, zijn huishoudelijke hulp. 'Zij en alle andere verzorgers in mijn leven. In de ochtend komt iemand mijn steunkousen aandoen. Renate doet de boodschappen, gaat wekelijks met mij naar Bakker Bart, waar ik een koffie met caramel en een stroopwafel gebruik. Ze helpt mij ook met mijn betalingen. Ik probeer het eerst zelf, op de computer een rekening betalen. Maar ik krijg het meestal niet voor elkaar: voordat ik alles heb ingevuld, kan ik het al niet meer versturen, het moet kennelijk sneller. Dus Renate helpt mij met invullen.'

Hoe kijkt u aan tegen het huidige tijdsgewricht?

'Momenteel is het een grote rotzooi in de wereld. Staatslieden zoeken allerlei middelen om de wereld te beheersen, wat ze niet gaat lukken. Ook binnen de katholieke kerk is wangedrag: kardinalen en priesters zijn in de fout gegaan. De mensheid is onte-

vreden. Dat is meestal een slecht teken. Als het de verkeerde kant opgaat met de mensheid, grijpt de natuur op een gegeven moment in. Dat is nu gaande, maar dat wil de mens niet inzien.'
Hij verplaatst een stapel veteranentijdschriften op tafel, onderop ligt een boek met een rood lederen kaft dat hij omhoog houdt. 'Openbaring' staat erop, het laatste hoofdstuk uit het Nieuwe Testament, waarin het einde der tijden wordt beschreven, en de terugkeer van Christus.

Bedoelt u dat we het einde der tijden naderen?
'We gaan de richting op zoals het in de Openbaringen staat beschreven. We hebben de laatste tijd te maken met stormen, aardbevingen, vulkaanuitbarstingen en andere natuurrampen. En corona niet te vergeten. Dat zijn waarschuwingen van een hogere macht hierboven, dat de mens zich niet goed gedraagt. Eens zal de wereld vergaan zoals hij er nu uitziet. Onze Lieve Heer probeert dan een nieuwe wereld te scheppen waarin de dood niet meer bestaat.'

Waar haalt u nog levensvreugde uit?
'Uit muziek. Ik heb over de honderd cd's. Ik luister veel naar ballads, liefdesliedjes met tedere teksten. Van Frank Sinatra, Tony Bennett, Sarah Vaughan, Ella Fitzgerald, noem maar op. Ik hoor nog wel het ritme, maar de klankkleur is weg. Gelukkig herinner ik mij nog goed van vroeger hoe de liedjes klonken en waar we op dansten. Als er weer eens kommer en kwel is op televisie, zet ik het toestel gauw uit en draai ik tedere muziekklanken.'

U heeft het zo te horen nog wel naar uw zin?
'O, ja. Ik heb nog genoeg te doen en heb allerlei plannen. Zo gaan Renate en ik nog een keer naar een restaurant in het bos in Hierden, waar ze heerlijk romige aspergesoep hebben en ik een pannenkoek met spek wil eten.'
En dan, ineens: 'Wie vindt al deze verhalen van mij nu interessant?'

‘Kinderen werden in mijn tijd niet aangehaald door hun ouders’

Dina Kruijer

GEBOREN: 14 juli 1921 in ’t Zandt

De opgewekte Dina Kruijer heeft haar hele leven in een dorp in Oost-Groningen gewoond. Ze woont nog zelfstandig in een aanleunwoning in Noordbroek, maar zelf koken lukt niet meer. Haar handen verliezen aan kracht. Ze eet met de pot mee in het naastgelegen verzorgingshuis. Het culinaire hoogtepunt van de week is donderdag, als haar schoondochter haar lievelingskostjes komt bereiden, zoals gebakken lever met uien, of bloedworst.

Hoe heeft u zo oud kunnen worden, denkt u?
‘Vaak krijg ik de vraag: wat is uw geheim? Ik probeer zo gezond mogelijk te eten, kijk maar naar mijn volle fruitschaal. Elke ochtend eet ik een banaan en een kiwi, die zijn voedzaam. Je moet je niet ergeren, de dingen nemen zoals ze zijn. Ik hoor vaak dat ik zo vrolijk ben, een lichtstraaltje. Dat is mij door de natuur gegeven. Ik ben heel tevreden met mijn leven, ik had het niet beter kunnen treffen.’

Welke gebeurtenis in uw 100-jarige leven komt het vaakst naar boven?

'De oorlog in 1940-1945. Dat komt door mijn krant, *Het Dagblad van het Noorden*, dat volstaat met berichten over Oekraïne. Ik kom uit een gezin met drie broers. Mijn jongere broer Henk werd in 1943 opgepakt, tijdens de ceremonie op zijn huwelijksdag. We waren met een klein gezelschap van alleen familie in een zaaltje van het dorpshuis. Hij had bijna niemand verteld dat hij die dag met Betje ging trouwen. Hij moet toch verraden zijn. De *Grüne Polizei* kwam binnen en arresteerde hem. Mijn oudste broer riep nog: "Neem mij mee, dan kan hij bij zijn vrouw blijven." Betje was zwanger. Maar nee, ze moesten Henk hebben, omdat hij niet was teruggekeerd van zijn verlof als dwangarbeider in Duitsland. Hij was meteen ondergedoken. Henk mocht nog even zijn bruid naar huis brengen en is toen meegenomen. Via Kamp Vught werd hij naar Duisburg overgebracht, waar hij omkwam bij een bombardement. Het was april 1945, een maand voor de bevrijding.'

Hoe is het met Betje afgelopen?

'Ze trouwde snel met een neef van ons en kreeg een zoon, die noemde ze Henk.'

In wat voor gezin bent u opgegroeid?

'We woonden in 't Zandt, een dorp vlak bij de Eemshaven. Mijn ouders hadden een boerderijtje met vijf koeien en een geit. De melk van de koe werd verkocht, de geitenmelk dronken we zelf. Mijn vader werkte voor verschillende boeren. Moeder en wij kinderen hielpen vaak mee, zoals geoogste bieten schrapen. Mijn vader en moeder waren altijd aan het werk, ook in huis moest veel meer gebeuren dan nu, want er waren nog geen huishoudelijke apparaten. Kleren werden zelf gemaakt. In mijn tijd werd je als kind niet aangehaald, zoals ouders tegenwoordig wel doen. Ouders gingen anders met hun kinderen om. Er was meer afstand.'

Kreeg u de vrijheid uw eigen pad te kiezen?

'Mijn broers en ik mochten alle vier doorleren. Ik wilde graag verpleegkundige worden en een opleiding volgen in het Diaconessenhuis in Nijmegen. Maar mijn moeder wilde mij liever thuishouden. Dat begreep ik wel, het was oorlog en mijn oudste broer was ze al kwijt, die diende als soldaat in het leger. Na de lagere school had ik al een paar jaar gewerkt, bij een drogisterij, op een boerderij en ik heb een tijdje gezorgd voor een vrouw die astmatisch was. Toen ik daarmee wilde stoppen, zei mijn moeder dat ik coupeuse moest worden. Ze maakte haar kamertje in huis vrij waar ik kon werken en klanten kon ontvangen.'

Heeft u later geprobeerd alsnog uw droombaan te verwezenlijken?

'Daar kwam het niet meer van. Toen ik na de oorlog met Jelte trouwde, ging ik met hem op een turfschip wonen en werken. We voeren naar het veen in Drenthe om turf op te halen, die we weer terug in de haven van Noordbroek losten. Later kwam de 'zwarte brand' erbij, dat waren eierkolen, cokes en antraciet. In het begin bezorgden we de brandstof met paard en wagen bij onze klanten, later met een vrachtwagen. Onze twee kinderen zijn geboren op het turfschip. In 1970 kwam het gas en moesten we stoppen met onze handel. We woonden inmiddels al in een huis aan de wal, precies op de plek van deze aanleunwoning. In de stoel waar ik nu in zit, was onze voorkamer. Gelukkig konden we uitgekocht worden door de overheid en kregen we een maandelijkse uitkering. Dat was niet genoeg om van te leven, dus deden we er klussen bij boeren bij, en later het beheer van een zeilvereniging.'

U heeft altijd in een dorp gewoond. Hoe heeft u het dorpsleven zien veranderen?

'De zandpaden zijn straten van asfalt geworden. De arbeidershuisjes zijn vervangen door mooie, grotere woningen. Over de armoede van toen praat ik liever niet. Er is ook achteruitgang, want wat verdwenen is, is de burenplicht. Buren trokken vroeger veel met elkaar op, dronken samen koffie, kletsten buiten op straat en hielpen elkaar. De mensen waren na het werk altijd thuis, dus voor gezelschap trok je naar je buren toe. Nu heeft bijna iedereen een auto en gaat eropuit. De buren kennen ze soms amper. Kinderen speelden veel buiten, met een bal, een hoepel en knikkers. Van buitenspelen word je zelfstandig en sociaal. Nu zitten kinderen veel binnen, en zijn in de weer met apparaten. Ik gun ze hun telefoontjes, maar ook dat ze meer buiten zijn.'

Na een paar uur honderduit vertellen in haar Groningse tongval, pakt Dina Kruijer een blauw koffertje met zilverkleurige spansluitingen, dat al die tijd op de rollator naast haar lag te wachten op aandacht. Ze klikt het deksel open en toont een fonkelende onderscheiding: 'Ik ben geridderd voor ruim dertig jaar vrijwilligerswerk.' In de koffer ligt ook een lijst met meer dan twintig uiteenlopende onbezoldigde functies die ze heeft bekleed: oprichter van de gymnastiekvereniging, lid van de kerkenraad, president van de vrouwenvereniging in Zuidbroek en Noordbroek, regisseur van de kinderoperette, beheerder van het dorpshuis, en ook gaf ze EHBO-cursussen op basisscholen.

Haar zoon Jelte, die op afstand meeluistert, herinnert zich uit zijn jeugd dat er 'elke avond' een vergadering was in huis.

Dina: 'Dan werd in het dorp een gymnastiekvereniging opgericht en ging ik uit nieuwsgierigheid naar de eerste vergadering. "Als je maar niet thuiskomt met weer een bestuursfunctie," zei mijn man voor vertrek. Dat was mijn bedoeling ook niet, maar aan het slot van de avond was ik de voorzitter, haha. Mijn man was geduldig en vond het uiteindelijk altijd goed.'

Het is nu moeilijk om vrijwilligers te vinden, hoe komt dat, denkt u?
'Veel vrouwen hebben een betaalde baan. En mensen houden zich tegenwoordig met andere dingen bezig, hebben andere belangen. Toen ik stopte met de knutselclub, was er een meneer die het wel van mij wilde overnemen, maar alleen tegen betaling. En dat lukte hem. Ik heb nooit één cent gekregen voor al mijn vrijwilligerswerk.'

Had u niet liever een betaalde baan gewild, met uw organisatorische talent?
'Ik ben van de periode dat dames geen betaald werk deden. Jongelui van tegenwoordig leren allemaal door. In mijn tijd konden de meeste meisjes dat niet. Vrijwilligerswerk was de enige optie en dat heb ik altijd met veel plezier gedaan. In het dorp zagen ze mijn inzet en dan dacht de volgende organisatie: dat gaat wel leuk met dat mens, laten we haar ook eens vragen. En zo rolde ik van het een in het ander.'

Is er iets waarvan u achteraf denkt: dat had ik anders moeten doen?
'Mijn man lag 24 jaar geleden in het ziekenhuis. Het bezoekuur was om en ik wilde opstappen. "Je gaat toch niet weg hè?" vroeg hij. "Goed, ik blijf nog een halfuurtje," antwoordde ik. Om half 9 vertrok ik en zei: "Morgenvroeg ben ik er weer." Die avond om 11 uur kreeg ik een telefoontje: mijn man was overleden. Ik voel nog spijt dat ik die avond niet bij hem ben gebleven, dan had hij niet alleen hoeven sterven.'

'Toen mijn man in 1998 stierf, besloot ik voor mezelf te kiezen en een punt te zetten achter het verenigingsleven. Ik wilde graag bridgen en stopte daarom als president van de twee vrouwenverenigingen. Ik dacht: een ander neemt mijn taken wel over. Achteraf vraag ik mij af: had ik dat wel moeten doen? De ene vereniging werd opgeheven omdat niemand het stokje wilde overnemen en de andere kwam algauw in moeilijkheden omdat mijn opvolger er na een halfjaar mee stopte, ze vond het te veel werk. Dus ergens heb ik wel spijt van die bridgeclub, maar ja, ik had mij al twintig jaar ingezet voor deze verenigingen. Wat ben ik voor een mens dat ik zoiets wel kan en een ander niet?'

En, wat bent u voor mens?
'Een organisator die goed met mensen kan omgaan, en volhoudt.'

Hoe bent u met tegenslagen omgegaan?
'Door rustig te blijven. Ook tegenslagen horen erbij. Momenteel verbaas ik mij erover dat ik zo vaak iets uit mijn handen laat vallen. Dan pak ik het weer op, en dan valt het weer. Ik word dan niet boos op mezelf, maar buk opnieuw om het ding op te rapen.'

‘Ik heb nooit gesport, wel gerookt en ben kerngezond’

Johan van der Veer

GEBOREN: 8 januari 1922 in Baarn

Johan van der Veer ontvangt niet in zijn eigen woning in Zevenaar, maar in het appartement van zijn vriendin Janny, 88 kilometer verderop. Hij ontmoette haar na het overlijden van zijn vrouw, achttien jaar geleden, tijdens een vakantie in het Zwarte Woud en sindsdien hebben ze een latrelatie. Van der Veer doet zelf de deur open en gaat met gezwinde pas voor naar de zitkamer. De burgemeester van Zevenaar die hem kwam feliciteren met zijn 100ste verjaardag wist niet wat hij zag, vertelt hij. ‘Ten eerste was ik de eerste 100-jarige mán die hij thuis kwam feliciteren, want 80 procent is vrouw, en ten tweede had hij nog niet eerder meegemaakt dat de jarige hem zelf verwelkomde. De meeste 100-jarigen zitten in hun stoel want zijn slecht ter been.’ Niet Van der Veer dus, die zichzelf ‘kerngezond’ noemt. ‘Ik heb nog nooit iets gemankeerd.’

Hoe verklaart u dat u op uw 100ste nog kerngezond bent?
‘Ik zou het niet weten. In ieder geval niet veel bewegen, want ik heb nooit aan sport gedaan. Zeker topsport is slecht voor de gezondheid, omdat je dan het uiterste van je lichaam vraagt. Misschien komt het doordat ik nooit woest heb geleefd, nooit veel

heb gezopen. Ik heb wel gerookt, en doe het nog wel eens, af en toe. Ook drink ik soms een wijntje bij het eten. Je moet niet overdrijven. Ik ben nog nooit ziek geweest, zelfs geen griepje. Bij de huisarts kom ik nooit, ik ken hem niet eens.'

En een jongere vriendin misschien?

'Als ik de afgelopen achttien jaar alleen was gebleven, weet ik niet of dat goed was gegaan. Janny is lief en zorgzaam voor mij.'

Heeft u bewust gekozen voor een latrelatie?

'Ik zou het leuk hebben gevonden als ze bij mij in Zevenaar was komen wonen, maar Janny gaf aan dat ze niet wil trouwen en dat ze in Montfoort wil blijven, waar ze al veertig jaar woont en al haar kennissen heeft. En ik ben ook gehecht aan mijn woonplaats. Laten we een latrelatie doen, zei ze. En ik vond het best. We zijn het meest bij mij. Als ik in Montfoort ben, wil ik na een paar dagen wel weer naar huis. Dan mis ik Zevenaar, en mijn schaakclub. Ik ga twee keer per week schaken. Een keer in de avond en een keer overdag, naar de schaakclub voor ouderen die ik tien jaar geleden heb opgericht. Ik heb een gouden bondsspeld van de Koninklijke Nederlandse Schaakbond, want ik ben al veertig jaar lid.'

Hoe is een nieuwe relatie op hoge leeftijd?

'Anders, veel rustiger. Je hebt al een leven geleefd met toekomstplannen en kinderen krijgen. Janny had vlinders in haar buik toen we een relatie kregen, ze wist niet wat haar overkwam, zei ze. In het jaar dat mijn vrouw was overleden aan borstkanker, ben ik meegegaan met een busreis naar het Zwarte Woud. 's Avonds in het restaurant van het hotel zaten drie vriendinnen met elkaar aan een tafel. Toen ze zagen dat ik alleen was, vroegen ze mij erbij. Janny was een van hen. Het klikte meteen. Janny had het niet breed gehad en was nog nooit in Frankrijk geweest. Dus zijn we samen met de caravan naar Frankrijk gegaan, waar ik al veertig jaar elk jaar had rondgetrokken, ik ken het hele land. Ze vond het geweldig.'

Zijn er dingen die u niet meer kunt en mist?

'Twee jaar geleden werd mijn rijbewijs niet meer verlengd omdat mijn ogen achteruit waren gegaan. Verdomme, ik begin oud te worden, besefte ik. Toen heb ik de hele troep, de auto en caravan, meteen verkocht en zo'n 45-kilometerkarretje aangeschaft. Daar doe ik mijn boodschappen mee. De vrijheid en het avontuur van het reizen met de caravan mis ik enorm. Afgelopen zomer ben ik met Janny naar een hotel aan de Moezel geweest. Een zoon bracht ons, een andere zoon haalde ons weer op. Je kunt een beetje in de buurt van zo'n hotel rondstruinen, maar verder kun je niks. Met een auto ga je op pad. Wat ik ook mis, is vioolspelen in een kamermuziekorkest. Daar ben ik twee jaar geleden mee gestopt. Ik ben een matige speler hoor, maar ik genoot van het gezellig samenspelen en de uitvoeringen. Het laatste jaar ging het niet meer zo denderend. Ik denk dat ze niet tegen mij durfden te zeggen: hou maar op, dus heb ik er uit mezelf een punt achter gezet.'

In wat voor gezin bent u opgegroeid?

'Ik ben de oudste uit een gezin met zes kinderen. Mijn ouders waren streng katholiek, maar niet streng in de opvoeding. Mijn vader werkte bij de Spoorwegen en van zijn salaris konden we leven, we waren niet rijk maar ook niet arm. Hij was eerst rangeerder, daarna remmer, conducteur en uiteindelijk hoofdconducteur. Hij kreeg steeds een andere standplaats, waardoor we in mijn jeugd wel twaalf of dertien keer zijn verhuisd. Als kinderen mochten we wel eens een dagje mee in de trein en dan kregen we op het station een glaasje limonade. Dat was dan ons vakantieuitje en we vonden het geweldig.'

'Als je met de ogen van nu naar die tijd kijkt, denk je: wat armoedig en saai. In je vrije tijd voetbalde je wat, deed spelletjes, kocht voor 1 cent drop in de snoepwinkel. En iedereen ging vroeg naar bed, rond 9 uur, half 10. Er werd hard gewerkt want vrijwel alles ging met de hand. Vergeleken met nu was het leven saai, maar je had er geen erg in en was tevreden.'

'Als je met de ogen van toen naar nu zou kijken, zie je al die luxe: televisie, telefoon, wasmachine, computer, vakanties. En: individualisme. Het is nu ieder voor zich en God voor ons allen. Mensen zijn niet zo aardig en behulpzaam meer voor elkaar. Zie nu die mensen die van protest naar protest trekken om rotzooi te trappen. Waardeloos. Wat voor doel heb je dan in je leven?'

Had u een jongensdroom?

'Nee. Mijn streng katholieke ouders stuurden mij op mijn 13de naar het seminarie van de paters Maristen in Hulst, in Zeeuws-Vlaanderen. Zij wilden dat graag en ik vond het wel best. En nu komt het. De oorlog brak uit en toen zat ik daar nog. De geestelijken wilden op de vlucht slaan voor de Duitsers. Met een paar bussen zijn ze met studenten naar Frankrijk vertrokken. Niet iedereen kon mee, ik was een van de achterblijvers. Een deel vluchtte naar Engeland.'

'Ik ben met acht jongens en een pater op de fiets via België naar Frankrijk gegaan. Toen we Duinkerke naderden, zagen we de bombardementen en de vlammenzee. We werden aangehouden door Franse soldaten die dachten dat we spionnen waren. Ze lieten ons de volgende dag weer gaan en toen zijn we gauw weer teruggefietst naar Zeeuws-Vlaanderen. Daar werd ook gevochten, dus na drie dagen vluchtten we weer op de fiets richting Frankrijk. In België bleken de Duitsers het land al bezet te hebben, dus toen zijn we opnieuw teruggekeerd.'

'Het seminarie in Hulst bleek inmiddels bewoond door Duitse soldaten. Wij mochten erbij, ze waren aardig tegen ons. We hadden er goed te eten want de Duitsers pikten eten uit de haven van

Antwerpen. Nu zul je je afvragen: hoe ging dit verder? Op een gegeven moment namen de Duitsers het hele gebouw in en toen zijn we verhuisd naar Overijssel. Daar gaf die ene achtergebleven pater ons les in filosofie en theologie. Het gekke is dat ik tijdens die hele oorlog nooit ben opgeroepen om in Duitsland te werken. Dat heb ik nooit begrepen.'

Zat u op het seminarie om priester te worden?

'Ja, dat was de bedoeling. Na de oorlog keerden we terug naar het seminarie in Hulst en toen vroegen de paters wat ik wilde. Ik zei dat ik scheikunde wilde studeren. Dat ben ik gaan doen, aan de universiteit van Utrecht, intussen bleef ik in het seminarie wonen. Tijdens die studie ben ik een beetje losgeslagen. Ik leerde meisjes kennen. Daardoor kreeg ik mot met de paters. Het kwam zover dat ik weg wilde. Ik voelde me ingekapseld. Ik ben op kamers gegaan in Nijmegen en kon daar een baan krijgen als wetenschappelijk medewerker aan de universiteit. Daarnaast werkte ik als leraar scheikunde op een hbs. Later werd ik docent aan een laboratoriumopleiding en de hts in Eindhoven.'

Uw oudste dochter vertelde dat u een tijdje priester bent geweest.

'Dat klopt, in het begin, even. Maar toen kreeg ik ruzie en ben ik weggegaan.'

Wilt u vertellen waarover die ruzie ging?

'Nee. Misschien beschadig ik een ander ermee en dat wil ik niet. En het is alleen mijn kant van het verhaal. Wat ook speelde, was dat ik sommige zaken overdreven vond. Het was een keurslijf waarin ik zat, alles was voorgebakken en er viel niet over te praten. Ik moest ook niks hebben van het celibaat.'

Heeft het conflict, en uw keuze geen priester meer te willen zijn, uw geloofsbeleving beïnvloed?

'Gedeeltelijk wel. Ik ben wat losser geraakt van de katholieke kerk, ik ben er al vijftig jaar weg. Mijn vrouw bleef wel gelovig en naar de kerk gaan. Voor de aardigheid ging ik af en toe mee.'

Gelooft u nog in God?

'Nee. Ik weet niet wie God is. Is het een persoon? Iemand die alles bestiert? Dat kan volgens mij niet. Al die flauwekulverhalen van alle godsdiensten over het ontstaan van de wereld, ik houd het bij de oerknal.'

‘Je moet niet moeilijk denken, want dan wordt het te veel’

Hendrika Hoefsmit

GEBOREN: 11 september 1921 in Haarlem

Ze oogt broos, en dat is Hendrika Hoefsmit ook. Het lichaam werkt niet meer zo mee, maar geestelijk is ze topfit. Haar stem is fragiel en ze articuleert zorgvuldig. Het meegebrachte stuk appeltaart peuzelt ze in drie uur tijd kruimel voor kruimel op. Het grootste deel van de dag zit de geboren en getogen Haarlemse aan de eettafel in haar tweekamerappartement van een verzorgingshuis, omringd door leesvoer. Haar dochter Wil (66) had vooraf aangekondigd: ‘Mijn moeder is een kind van haar generatie: een gesloten vrouw.’

In wat voor gezin bent u opgegroeid?

‘Mijn moeder was gescheiden. Ze hertrouwde met een man die al tien jaar weduwnaar was en vier kinderen had, die hij na de dood van zijn vrouw in een weeshuis had ondergebracht. Toen mijn moeder in 1919 met hem trouwde, had ze al een dochter van 8 jaar en kreeg er ineens vier kinderen bij. Dat zal best druk voor haar zijn geweest. Twee jaar later werd ik geboren. Mijn vader was een echte rooie, ik ook nog steeds, als enige in de familie denk ik. Vader was meubelmaker, hij bekleedde banken in de trein. Ik ben liefdevol maar streng opgevoed, en mocht bijna niks. 's Avonds na het eten moest ik altijd binnen blijven.'

Een echtscheiding was uitzonderlijk in die tijd.

'De man van mijn moeder is weggelopen. Hij had een kapperszaak, ze woonden in Amsterdam en hadden een dochter. Op een dag ging mijn moeder met de trein naar Haarlem om haar ouders op te zoeken. Haar man zei dat hij haar aan het eind van de middag zou ophalen van het station. Terwijl ze stond te wachten, zag ze de jongen die in de zaak altijd de klanten inzeept voor het scheren, verschijnen. Hij zei dat hij haar kwam ophalen. Heel gek vond mijn moeder dat. Eenmaal thuis bleek haar man de benen te hebben genomen. Hij kwam niet meer terug en toen is mijn moeder maar van hem gescheiden. Om rond te komen, moest ze aan het werk, ik denk in de huishouding, want een andere keuze had een vrouw zonder opleiding niet.'

Werd uw moeder als gescheiden vrouw met de nek aangekeken?

'Daar weet ik niks van. Mijn moeder heeft er nooit iets over gezegd. Het is natuurlijk ook niet leuk om over te praten. Ik ken alleen de feitelijke gebeurtenissen. Vragen heb ik er nooit over gesteld. Misschien had ik dat wel moeten doen, maar dat durfde je niet in die tijd. Je wist dat je ouders dat niet op prijs stelden. Een kind moest zijn mond houden, aan tafel werd niet gepraat. Gek hè, in die jaren waren de mensen niet zo vrij.'

Wat vindt u ervan dat tegenwoordig veel meer mensen dan vroeger hun relatie verbreken?

'Ik heb er niet zo'n moeite mee en snap het wel. Ze kunnen niet meer met elkaar overweg of de een wordt verliefd op een ander. Als het niet meer lukken wil, is het knudde om bij elkaar te blijven. Dan kun je maar beter scheiden.'

Had u een meisjesdroom en wat is daarvan terechtgekomen?
'Ik wilde graag in een winkel werken, het liefst bij Vroom & Dreesmann. In zo'n warenhuis is de hele dag reuring. Op mijn 12de kwam ik van de lagere school, doorleren zat er niet in. Na een jaar zei mijn moeder dat ze niet wilde dat ik nog langer ronddraaide op straat en hielp ze mij met werk zoeken. Eerst gingen we langs bij V&D, maar daar hadden ze geen baantje voor mij. Ze zagen het ook niet zitten zo'n jong meisje op te leiden, dan ben je alleen maar een lastpak. Bij andere winkels konden ze ook niemand gebruiken. Het was een moeilijke tijd om werk te vinden, het waren de crisisjaren dertig.'

Is het uiteindelijk nog gelukt?
'De enige optie was huishoudelijk werk. Via een advertentie in de krant kwam ik terecht bij het gezin van een tandarts, waar ik voor 7,50 gulden in de week de huishouding deed. Het was hard aanpoten. Eerst alleen in de ochtend, maar toen ik 15 was hele dagen, en ging ik ook koken. Ik heb dit werk heel lang gedaan. Toen de kinderen kwamen stopte ik, maar ik pakte het weer op, bij dezelfde tandarts, zodra ze naar school gingen, tot 12 uur want dan stonden ze al weer buiten. We konden het extra geld goed gebruiken. Mijn man was broodbakker. Hij is jong gestorven, op zijn 52ste. Mijn zoon was net het huis uit, mijn dochter van 18 woonde nog thuis. Uit financiële noodzaak ben ik meer uren gaan werken. Nog steeds bij dezelfde tandarts. Het was een fijne man. In de oorlog liet hij een Joods stel in zijn huis onderduiken. Op zolder zat Piet, een man die aan de Arbeitseinsatz wilde ontkomen. Dus het was voor mij: mondje dicht houden.'

Hoe heeft u het vroege verlies van uw man verwerkt?
'Ik weet niet hoe ik dat gedaan heb. Het overkomt je en je moet erdoorheen.'

Kon u, anders dan uw moeder, wel praten over uw verdriet?
'Mijn moeder was een stille vrouw en ik ben zelf ook niet zo'n prater. In het begin kreeg ik wel veel bezoek, maar iedereen praat over zijn eigen zorgen. Mijn kinderen zijn altijd vaak langsgekomen en namen mij mee als ze gingen kamperen. We hebben het goed met elkaar, nog steeds.'

Denkt u dat het beter is te zwijgen over pijnlijke ervaringen?
'Nu denk ik dat het beter was geweest als ik er wel over had gepraat. Dan is het contact niet zo afstandelijk.'

Als u nu jong was geweest, welk beroep zou u dan hebben gekozen?
'Ik zou zeker een opleiding zijn gaan volgen om meer kennis op te doen. Dat ik niet kon doorleren ervaar ik als een gemis. Misschien zou ik wel journalist zijn geworden, want ik ben erg nieuwsgierig naar andere mensen.'

Ziet u parallellen tussen uw jonge jaren en deze tijd?
'Er is nu weer woningnood. Mijn man en ik konden na ons huwelijk geen woning vinden en hebben toen zes jaar ingewoond bij de tandarts waar ik werkte. Ons eerste kind, mijn zoon, is daar geboren. Maar een groot verschil is dat je toen moeilijk werk kon vinden en nu zijn er banen in overvloed en is er personeel te weinig. Er is vooral veel veranderd. Toen mijn man en ik na ons huwelijk gingen kamperen op de Veluwe, moesten de mannen en vrouwen apart slapen, terwijl we getrouwd waren. Zoiets kun je je nu niet voorstellen.'

Heeft u zich wel eens afgevraagd hoe u 100 jaar heeft kunnen worden?
'Ik heb heel wat operaties gehad, heb twee nieuwe heupen, de laatste vorig jaar nog. Dat doen ze meestal niet meer hoor, als je

zo oud bent, maar de arts vond dat het kon. Het is goed gegaan, dus ik denk dat ik gezond heb geleefd. En ik ben een simpel mens. In alles ben ik matig en sober, met eten en met spullen. Een mens hoeft niet meer te hebben dan hij nodig heeft. En ik heb nooit gerookt en er altijd voor gezorgd dat mijn huis netjes is. Het is belangrijk geen viespeuk te worden.'

Wat mist u wat u niet meer kunt?

'Ik mis niks. Ik accepteer zoals het nu is.' (Na een denkpauze:) 'Het zou fijn zijn als ik nog kon lopen. Opstaan kan ik alleen met hulp. Ik heb versleten knieën. Maar ik heb mij erbij neergelegd. Je moet niet te moeilijk denken, want dan wordt het te veel.'

Verveelt u zich wel eens?

Schaterlach: 'Nou, ik doe niet zoveel meer hoor, maar toch verveel ik mij nooit. Ik heb altijd een roman, de *Libelle* en mijn krantje, het *Haarlems Dagblad*, bij de hand. Je moet wel op de hoogte blijven, anders word je dom. En er is hier in huis van alles te doen. Elke zondag ga ik rummikubben met drie dames. Op woensdagmiddag is hier een muziekmiddag, voor 5 euro krijg je bitterballen, een drankje of een advocaatje met slagroom. Je mag een plaatje aanvragen. Ik vraag dan om een nummer van André Hazes, daar was mijn kleinzoon Michel zo gek op. Hij is maar 31 jaar geworden.' (Ze raakt geëmotioneerd.) 'Zo'n jonge jongen, dat mag toch niet? Hij werd ziek en is in drie ziekenhuizen geweest, maar ze konden niks vinden.'

'Ik had niet gedacht dat ik het zo naar mijn zin zou hebben in een verzorgingshuis. Ik ben een bofkont. De meisjes hier zijn aardig, ik heb een mooie kamer, en mijn kinderen komen vaak langs. Ik denk dat ik het goed heb gedaan, de afgelopen honderd jaar. Ik heb niet zoveel noten op mijn zang en ben een tevreden mens. Ik ben vrij cool, op zijn Engels ja: C-O-O-L.'

‘Ik heb besloten niet in Oekraïne te gaan vechten’

Pierre Zeevaarder

GEBOREN: 11 maart 1921 in Amsterdam

Pierre Zeevaarder heeft een groot deel van zijn leven over de wereld gezworven. Zijn eerste reis was geheel onvrijwillig. De herinneringen daaraan komen door de oorlog die Rusland in Oekraïne voert weer naar boven.
De inwoner van het Friese dorpje Haskerhorne wordt in zijn woonkamer omringd door goed gevulde boekenkasten en voorwerpen uit de landen waar hij voor zijn werk neerstreek. De verhalen die hij erover vertelt, zijn doorspekt met zinnen in het Hongaars, Arabisch, Engels en Fries. Zijn talenknobbel zette hij na zijn pensioen in om tot zijn 92ste te kunnen doorwerken, eerst vier jaar als docent Engels op een lyceum in Buitenpost, daarna als tolk/vertaler. Zeevaarder is dus eigenlijk nog maar net écht met pensioen.

Mooie naam, Pierre Zeevaarder.
‘In mijn jeugd ben ik een keer achterop de fiets met mijn vader vanuit Den Haag naar Dussen in Noord-Brabant gereisd, waar een verre voorvader vandaan kwam. We gingen de kerkboeken bestuderen en ontdekten dat de eerste Zeevaarder in 1723 was opgetekend. Hij was gaan varen en kreeg bij thuiskomst deze achternaam.’

Hoe ziet uw gemiddelde week eruit?

'Ik sta om 10 uur op, want dan komt de thuiszorg, en ga rond 1 uur 's nachts naar bed. Ik luister graag naar klassieke muziek, radio 4 staat altijd aan. En ik lees veel: de krant, NRC, en boeken, momenteel *21 lessen voor de 21ste eeuw* van Yuval Noah Harari en voor daarna ligt *De dood in Taormina* van Arnon Grunberg klaar. Ook raadpleeg ik regelmatig *Het Schaakopeningenboek*.'

'Als kind heb ik van mijn opa, een rechtzinnig hervormde dominee, leren schaken en ik doe het nog elke dinsdag, de ene week bij mijn schaakvriend, de andere week bij mij. Verder ga ik twee keer in de week bridgen. Het leuke van bridgen op deze leeftijd is ook dat je nog nieuwe mensen leert kennen en nieuwe vrienden maakt. Want verder is het alleen maar verlies. Ik ken alle crematoria in de omgeving.'

U moet nu opnieuw meemaken dat er oorlog is in Europa.

(Gekscherend:) 'Ik heb besloten niet naar Oekraïne te gaan om te vechten.' (Serieus:) 'Ik ben er tijdens de Tweede Wereldoorlog al geweest en hoef er nooit meer heen. Ik hoop van harte dat de Russen uiteindelijk in het zand bijten, maar ik heb er een hard hoofd in. Ze hebben een enorm groot leger en zijn gewend zich te behelpen. Een Derde Wereldoorlog lijkt mij niet onmogelijk.'

Wat vindt u van de opstelling van West-Europa?

'Veel te slap. Ze hadden meteen na de inval van Rusland moeten zeggen: er valt een kernbom op het Kremlin als jullie je niet onmiddellijk terugtrekken. Dat is de enige manier om de machtswellusteling Poetin af te schrikken, want een andere taal verstaat hij niet. Als het hem lukt Oekraïne te overmeesteren, gaat hij door: Estland, Letland, Litouwen, Polen, Roemenië, Bulgarije. Dat Poetin zich bedreigd voelt door de NAVO kan ik mij wel voorstellen, maar hij weet niet wat wij weten: dat het niet nodig is.'

Hoe raakte u tijdens de Tweede Wereldoorlog in Oekraïne verzeild?

'Ik was in Den Haag actief in het verzet en hielp ondergedoken Joden aan voedsel. In 1943 ben ik na marteling van een opgepakte oude Joodse vrouw in handen van de Gestapo gevallen. Na urenlange verhoren onder fel tl-licht, waarin de Gestapo om onderduikadressen vroeg, stapte een Nederlandse politiechef die bevriend was met mijn vader, mijn cel binnen. Hij adviseerde mij bij het volgende verhoor te zeggen dat ik voedselbonnen voor Joden had verkocht en van de opbrengst feest had gevierd. Ik wilde niet liegen, maar voerde de volgende dag toch een show op, ze trapten erin en zo kreeg ik een lichtere straf: geen strafkamp maar dwangarbeid in Letland.'

'Nadat de Russen op 5 mei 1945 ons werkkamp hadden bevrijd, ontvoerden ze mij en een stel anderen. Ze namen onze laatste bezittingen van ons af, zelfs mijn klarinet die ik al die tijd had meegesjouwd. De Russische soldaten lieten ons door Litouwen naar Memel lopen. Daar werden we in een kamp ondergebracht.'

'Na een maand werden we op een trein gezet naar Oekraïne, dat toen deel was van de Sovjet-Unie. Daar werden we tewerkgesteld. Eten gaven ze ons niet tijdens de reis. "We zijn bondgenoten tegen de nazi's," protesteerde ik. "Niets mee te maken", was het antwoord. In februari 1946 waren we voor een volgende klus ondergebracht in een ommuurde school, vlak bij de Hongaarse grens. Ik waagde het erop en wist te ontsnappen.'

Hoe bent u erin geslaagd veilig Nederland te bereiken?

'Ik ben vijf maanden onderweg geweest, grote delen te voet door Hongarije, sommige afstanden reisde ik zwart met de trein. Als we een stad naderden stapte ik uit, zodat ik er met een grote bocht omheen kon lopen, om Russische patrouilles te ontlopen. Mijn geluk was dat ik onderweg hulp van veel goedwillende Hongaren kreeg.'

'De eerste was de vrouw van een smid in het eerste dorp dat ik tegenkwam na mijn ontsnapping. Ik klopte aan en zij zag hoe vervuild ik was en maakte een warm bad voor mij klaar, gaf mij te eten en een bed waar ik die nacht kon slapen. In een ander dorp kreeg ik een maand onderdak bij een jonge vrouw die ik op de markt ontmoette, ze woonde bij haar moeder. Weer aangesterkt zei ik bij mijn vertrek: *köszönöm szépen*, "hartelijk dank" in het Hongaars.'

'Weken later, verder westwaarts in Hongarije, liep ik door een buitenwijk van een stad toen ik plotseling een patrouille Russische soldaten zag aankomen. Snel dook ik een zijstraat in en belde aan bij een willekeurige woning. De man die opendeed en mij binnen liet, bleek Nederlands te spreken. Het was de Hongaarse violist Bela Kiss, die voor de oorlog een tijd in Nederland had gewoond. Samen met mijn moeder had ik wel eens een concert van hem bijgewoond.'

'Met de hulp van een heilsoldate van het Leger des Heils bij de grens met Oostenrijk, heb ik uiteindelijk de Amerikaanse zone in Oostenrijk weten te bereiken, waarvoor ik eerst een sterk stromende rivier moest overzwemmen. Uitgeput klauterde ik de oever op. Verderop in het bos hoorde ik ineens: "*Hands up!*" Het waren Amerikaanse soldaten. Na een verhoor boden ze mij een biertje in een café aan, ik vroeg om iets non-alcoholisch en kreeg een mij onbekend bruin drankje: mijn eerste Coca-Cola. In het café liep ineens een mooie blonde vrouw langs. Dat bleek Marlène Dietrich te zijn, die 's avonds voor de soldaten zou optreden. Helaas mocht ik er niet bij zijn.'

Had u voor de oorlog een jongensdroom en kon u die daarna nog waarmaken?

'Die had ik niet. Toen ik in juli 1946 thuiskwam en met mijn ouders aan tafel zat, vroeg mijn vader: wil je gaan studeren? Nee, zei ik, ik ben nu 25 jaar, dat vind ik te oud. Ik ben gaan solliciteren en na een paar weken had ik een baan bij de KLM. Na een interne opleiding van drie maanden kwam ik terecht op de afdeling dienstregelingen in Aziatische landen.'

'Dankzij mijn werk ontmoette ik mijn vrouw, Henriëtte Verschoor, die op de ambassade van Pakistan in Den Haag werkte, we trouwden in 1953. Tot aan mijn pensioen in 1980 heb ik bij de KLM gewerkt. In uiteenlopende landen ben ik een paar jaar gestationeerd als districtsmanager, zoals in Frankrijk, Indonesië, Maleisië, Kenia en in politiestaten als Birma en Irak onder Saddam Hoessein.'

Hoe ervoer u leven en werken in deze politiestaten?

'Toen ik in 1962 in de hoofdstad van Birma aankwam, was er kort ervoor een militaire coup gepleegd. Je voelde de angst van de bevolking. Wie kritiek uitte, belandde in de gevangenis. Ik moest zelf ook voorzichtig zijn en goed weten wie ik voor mij had. Zo was er een agent van een reisbureau die ons het passagiersgeld niet betaalde. Hij was een grote man binnen de regerende partij. Omdat ik mijn eigen veiligheid belangrijker vond, ben ik de man niet achterna gereden toen hij er met het geld vandoor ging. Wel heb ik zijn voorraad vliegtickets van de KLM in beslag genomen.'

'Ook in Irak moest ik goed oppassen. Op bijeenkomsten van de club voor expats kreeg ik tips over waar ik beter niet naartoe kon gaan, en wie gelieerd was aan Saddam Hoessein. Nepotisme leefde er sterk. Zo kreeg ik op een gegeven moment de opdracht een bepaalde employee op mijn kantoor, lid van Hoesseins partij, te bevorderen, maar daar had ik helemaal geen zin in. Ik besloot hem over te plaatsen naar het vliegveld.'

Is er een gebeurtenis in uw leven waarvan u achteraf denkt: dat had ik anders moeten doen?

'Een mens moet niet bezig zijn met spijt. *Sa sil it wêze.* Fries voor: Zo zal het zijn.'

Bent u ooit van politieke kleur veranderd?
'Nee, nooit. Ik heb altijd CDA gestemd, en voordat het CDA werd opgericht CHU.'

Ook de crisis in het CDA en hoe is omgegaan met Pieter Omtzigt hebben u niet van gedachten doen veranderen?
'Nee. Omtzigt is een goede vent en het CDA is dom met hem omgegaan, maar ik blijf op deze partij stemmen. Trouw vind ik een belangrijke waarde in het leven. Als je trouw bent, weten anderen op wie ze kunnen rekenen, dan krijg je een evenwichtige bevolking in een veilige samenleving waarin mensen goed kunnen samenwerken. Zelf heb ik mijn best gedaan trouw te zijn aan anderen en aan mijn principes.'

Wat is uw belangrijkste levensles?
(Na een denkpauze, met gesloten ogen:) 'Ik heb geleerd dat je als goed christen met de medemens moet omgaan, of ze nu boven of naast je staan, zowel zakelijk als privé. Daar versta ik onder dat je ervoor moet zorgen dat je een ander niet beledigt of beschadigt.' Lachend: 'Zo word je heel oud.'
Zodra het gaat schemeren en de terugreis moet worden aangevat, biedt Pierre Zeevaarder een lift aan naar het station van Heerenveen.

U rijdt nog auto?
'Ja, natuurlijk,' klinkt het, alsof dat een vanzelfsprekende zaak is. 'Lopen gaat niet meer zo best, dankzij de auto kan ik naar mijn schaakvriend en de bridgeclub. En naar mijn zoon in Zwolle. Aan Amsterdam, waar een van mijn dochters woont, waag ik mij niet meer. Vorig jaar zijn tijdens een keuring mijn gezichtsvermogen, gehoor en reactievermogen goed bevonden, en is mijn rijbewijs met nog eens vijf jaar verlengd.' (Trekt een kolderiek gezicht:) 'Een 80-jarige die dit leest zal misschien denken: dat is ónverantwoord!'

‘Ik ben weer verliefd, op een schat van een man’

Egberdien van Rossum

GEBOREN: 29 augustus 1921 in Rotterdam

Op korte laarsjes met hakken manoeuvreert Egberdien van Rossum haar rollator centimeter voor centimeter langs kunstobjecten en meubilair in de kleine, bontgekleurde galerie ‘Mevrouw Boon’ in Moordrecht. Hier spreekt ze graag af omdat een deel van haar kunstverzameling er hangt. In de 25 jaar dat ze op Curaçao woonde, had ze een bloeiende galerie met werk van internationale moderne kunstenaars, van Aruba tot Algerije.
In 1990, na de dood van haar echtgenoot, keerde ze terug naar haar geboortestad Rotterdam, niet wetende dat haar loopbaan nog een bijzonder staartje zou krijgen. Dankzij een vasthoudende vriendin werd ze op haar 75ste fotomodel en zou ze nog 20 jaar poseren voor beroemde fotografen als Andres Serrano en Erwin Olaf. Vier jaar geleden portretteerde Harmen Meinsma haar nog met haar lange rode manen en naaldhakken op een motor. Egberdien wil graag getutoyeerd worden en verkoopt een pets op de knie bij elke ‘u’ die per ongeluk klinkt.

U heeft in uw lange leven een grote verzameling moderne kunst aangelegd, hoe is het om in deze galerie werk van de hand te doen?

(pets)

'Dat doet pijn in mijn hart. Maar ik kan straks niet alles meenemen, als je begrijpt wat ik bedoel.'

Hoe ben je in de kunstwereld verzeild geraakt?

'In 1955 trouwde ik met Wil van Rossum. Hij werkte als jurist op het ministerie van Economische Zaken en kreeg een jaar na ons huwelijk het aanbod handelsattaché voor het Caribisch gebied te worden, met Curaçao als standplaats. Dat was een mooie kans, en zo reisden we per boot naar de andere kant van de wereld. Ik wilde niet met mijn duimen draaien in het land dat we ooit hadden ingepikt. Dat voelde niet goed.'

'Ik probeerde het werk voort te zetten dat ik in Rotterdam had gedaan: ik was apothekersassistente bij apotheek Nanning, aan de Korte Poten 7. Vergeet niet dat in die tijd alles met de hand ging. We kregen grondstoffen geleverd waar we zelf pillen van draaiden. In een vijzel mengden we de juiste bestanddelen. De poeders legden we op een papiertje. Voor particulieren vouwden we die anders dicht dan voor ziekenfondspatiënten.'

'Het lukte op Curaçao niet een baan in een apotheek te vinden. Toen ik hoorde dat de enige galerie in Willemstad ermee stopte, besloot ik er zelf een te beginnen. Ik wist er niets van, maar dacht: laat ik het proberen. Ik vond een ruimte in de Keukenstraat en noemde het Gallery rg, naar mijn achternaam Van Rossum-De Goede.'

'Om te beginnen kocht ik catalogi van musea als Boijmans van Beuningen en het Stedelijk, want ik had heel wat te leren over hedendaagse kunst. Van lieverlee lukte het steeds vaker kunstenaars te interesseren voor een expositie in mijn galerie en werken naar het eiland verscheept te krijgen: beeldhouwwerken, schilderijen, grafische kunst, sieraden, keramiek. Ik koos vaak werk van jonge kunstenaars.'

Wat dreef u?

(pets)

'Ik wilde mensen kennis laten maken met kunst, want kunst hoort bij het leven. Moderne kunst staat voor mij voor vooruitgang, verder kijken, ontdekken en vernieuwen. Het is een uiting van de mens van binnenuit en laat je kennismaken met de belevingswereld van een ander. Wat jij erin ziet, hoeft niet de bedoeling van de kunstenaar te zijn geweest, en dat maakt niet uit. Als je een kunstwerk niet snapt, kun je het ook alleen mooi of lelijk vinden.'

Heb je een favoriet kunstwerk?

'Dat is afhankelijk van mijn stemming. Het grote stalen kunstwerk van Naum Gabo voor de Bijenkorf in Rotterdam vind ik altijd mooi. Het heet "de gestileerde bloem". Iemand die niet van moderne kunst houdt, zal zeggen: onzin, het is helemaal geen bloem. De meeste mensen zijn niet geschoold in wat moderne kunst behelst. Daarom vind ik het zo belangrijk dat het in de openbare ruimte te zien is. Dan kun je er niet meer omheen en ga je je afvragen: wat staat daar in vredesnaam? Kunst kan ontregelen, verwonderen, verbazen.'

Wat is het grootste avontuur dat je hebt meegemaakt?

'Wil je een vrolijk, of een niet-vrolijk avontuur? Na mijn terugkeer in Nederland, na het overlijden van mijn man, belde een vriendin mij op. Ze vertelde dat een modellenbureau in Amsterdam een oudere vrouw als model zocht voor de Amerikaanse fotograaf Andres Serrano. Die vriendin had zelf geen tijd en vond het wel iets voor mij. Ik keek op de website van Serrano, zijn werk sprak mij helemaal niet aan. Hij bleek een van de meest controversiële fotografen van de Verenigde Staten te zijn. Maar mijn vriendin bleek mij al opgegeven te hebben en het bureau wilde meteen de volgende week met mij aan de slag. Toen ben ik het avontuur maar aangegaan.'

'Voor de eerste fotoshoot werd ik meegenomen naar de Wallen in Amsterdam. We gingen een trap af en kwamen in een seksshop terecht. Er hingen allemaal grote zwarte piemels. Ik dacht: mijn god, waar gaan ze me in mengen? Dit is niets voor mij. Gelukkig liepen we verder naar een andere ruimte waar de fotograaf mij vroeg een dwangbuis aan te trekken, een jas zonder mouwen. Omdat ik niet zo groot ben, zat het gelukkig niet strak. Daarna reden we naar Bergen aan Zee, waar Serrano mij fotografeerde aan de vloedlijn bij ondergaande zon. En toen werd het heel grappig: hij koos gelukkig die laatste foto aan zee en die kwam in *The New York Times Magazine* te staan. Er stond bij dat ik net zo sexy was als een 25-jarige. Het was het begin van meer modellenwerk voor grote fotografen, zoals Mario Testino en Erwin Olaf. In Olafs boek *Silver* sta ik op pagina 152.'

En zo werd u zelf een kunstwerk, met uw excentrieke verschijning.

(pets)

'De meesten weten dit al niet meer. Slechts een paar mensen blijven jarenlang bekend.'

Is dat jammer?

'Nee, ik heb een heerlijk vrij leven geleid en ik voel me niet boven een ander staan.'

Welke levensinzichten heb je opgedaan?

'Laat een mens zijn zoals hij is, laat zijn gedachten vrij en dring een ander niet jouw wil en mening op. Daar komt alleen maar ellende van, zoals we nu weer zien in Oekraïne. Dé waarheid bestaat niet. Belangrijk is ook van jezelf te houden, want dan is het makkelijker om van een ander te houden, ook als diegene heel anders is.'

In wat voor gezin ben je opgegroeid?

'In een klein gezin met liefdevolle ouders. Ik was enig kind. Mijn ouders hielden goed in de gaten dat ik niet werd verwend, ze plaatsten mij nooit op een voetstuk. Nooit zeiden ze: doe dit of dat. Ik ben ook niet geslagen. Ons gezin behoorde zogezegd tot de gegoede middenstand. Mijn ouders gingen vaak naar de schouwburg. Vader had een wijnhandel. Boven de deur van zijn zaak was een afbeelding van art nouveau in glas in lood, zo mooi. Mijn vader hield van kunst en nam mij vaak mee naar museum Boijmans Van Beuningen. Moeder speelde piano en vader en ik zongen erbij. Als kind wist je vroeger minder dan je ouders, tegenwoordig is het andersom.'

Welke jeugdherinnering staat nog op je netvlies?

'De oorlog, hè. Tijdens het bombardement van Rotterdam op 14 mei 1940 stond ik met mijn ouders op het dak te kijken hoe de bommen op de Waalhaven vielen. In een dag hebben de Duitsers bijna alles in Rotterdam vernield.'

'Mijn ouders vonden voor de nacht onderdak op een andere plek in de stad. Onzin, vond ik, want hoe wist je waar het veilig was? Maar achteraf was het maar goed ook dat we niet thuis sliepen, want er viel een bom naast ons huis, de muur van onze badkamer was vernield. De volgende dag gingen we kijken, heel voorzichtig liepen we de trap op, bang dat er iets zou instorten.'

'Mijn vader liep voorop. Bij de badkamer aangekomen, riep hij uit: "Weg! Weg! Er liggen bommen in ons bad." Mijn moeder en ik schrokken natuurlijk. Maar hoe kon dat, bommen in ons bad? Mijn moeder ging toch kijken, en wat bleek? Het waren rode kolen, die mijn moeder een paar dagen eerder daar had neergelegd.

Mijn vader had geen idee hoe bommen eruitzagen. Pas sinds vorige week weet ik dat ze helemaal niet rond zijn, zoals ik altijd dacht, eerder langwerpig.' (Ze gebaart vorm en omvang.)

Hoe ben je daar vorige week ineens achter gekomen?
'Mijn vriend vertelde het. Hij kan het weten, want hij heeft als dienstplichtige in het leger gediend.'

Je bent sinds kort weer verliefd, hoorde ik uit betrouwbare bron.
'Wie heeft je dat verteld? Het klopt wel. Ik heb hem leren kennen in het verzorgingshuis waar ik vorige zomer ben komen wonen nadat ik thuis was gevallen. Hij woont er al tien jaar. Hij is ook oud en een schat van een man. Dat vinden ze allemaal in het huis, dus ik moet wel oppassen. Grapje hoor. Hij is zeer geïnteresseerd in het leven en in andere mensen. We hebben het leuk samen, kunnen overal over praten. Meer vertel ik niet.'
Ze kijkt op haar horloge in de vorm van een ongepelde pinda, met een rode wijzerplaat. 'Een ontwerp van de Spaanse kunstenaar Salvador Dalí. Ik zie dat we al twee uur aan het praten zijn. Weet je nu genoeg?'

‘Als kind raakte ik verlamd, het heeft mij keihard gemaakt’

Frans Barleeus

GEBOREN: 21 juni 1921 in Velsen

De huisdichter, wordt Frans Barleeus genoemd in het zorgcentrum in Haarlem waar hij woont. Elke dag schrijft hij een gedicht, al tachtig jaar lang. Eerst met pen en papier, toen op de typemachine en nu heeft hij een laptop. Boven zijn bed hangt een ingelijste prent van Casparus Barlaeus, een hugenoot die in de 16de eeuw uit Frankrijk naar Nederland vluchtte, en er predikant werd, schrijver en dichter. ‘Een verre voorvader,’ zegt de 100-jarige trots. Hij is dik tevreden met zijn kamer op vijf hoog, met weinig manoeuvreerruimte voor zijn rolstoel. ‘In de ochtend zie ik de zon opkomen en in de avond schenkt de maan bij helder weer haar licht.’

Hoe is het om 100 jaar te zijn?

‘Ik ben al bijna 101 en ik hoop nog 102 te worden, en 103. Bij 100 begin je als het ware opnieuw: 1, 2, 3. De laatste tijd heb ik puistjes op mijn gezicht, dat zullen jeugdpuistjes zijn. Ik heb nog veel plezier in het leven en vermaak mij op allerlei manieren. Ik moet altijd bezig zijn, kom tijd tekort.’

Waarmee vermaakt u zich zoal?

'Elke ochtend sta ik om kwart voor 7 op. Dat doe ik al mijn hele leven. Ik ga dan op de rand van het bed zitten en doe rek- en strekoefeningen, van zo en zo.' (Hij zwaait met zijn armen.) 'Ik lees de krant, *De Telegraaf*, daar doe ik twee uur over. Verder is hier in huis van alles te doen. En elke dag schrijf ik een gedicht, soms twee. Daar ben ik in 1941 mee begonnen en nooit mee opgehouden. Ik heb nu tien mappen vol. Gedichten over de hommel, een bromvlieg, tortelduiven die nestelen op mijn balkon. Gedichten over beroepen, zoals de voddenboer, lantaarnopsteker en nachtzuster. Eigenlijk over alles wat in mij opkomt, ook flauwekul. Dichten biedt een verzetje, een uitlaatklep, en ik hou van taal.'

Hij pakt een map en begint te bladeren.

Het gedicht *Oude Rijkdom* komt voorbij:

> *Een stokoud echtpaar ging naar bed / Op het kastje twee bakjes met tanden / Vol liefde keek de man haar aan / Hij streelde haar rimpelige handen.*
> *En zei: 'Al meer dan zestig jaar zijn we gelukkig meid / Geloof me als ik zeg: ik wil jou voor 1 miljoen niet kwijt.'*
> *'Dat weet ik jongen,' zei zijn vrouw / 'Ook jij bent niet te koop / nog niet voor 1 miljoen / en dat is een hoop.'*
> *Ze lagen daar tevreden / in de avond van hun leven / twee mensen die elkander / zoveel hadden gegeven.*
> *Ze zeiden: 'Slaap maar lekker hoor!' / Hij gaf haar nog een zoen / en fluisterde: 'Is de deur op slot? / Hier ligt voor 2 miljoen.'*

Bent u verrast dat u zo oud bent geworden?

'Dat had ik nooit gedacht. Ik was 1,5 jaar toen ik polio kreeg. Mijn linkerheup, linkerbeen en tenen raakten verlamd. En zijn dat nog steeds. Ik draag nu drie sokken, drukverband en een extra schoen in mijn linkerschoen omdat dat been 7 centimeter korter is. Ondanks deze aandoening ben ik er nog steeds.'

Hoe was het om als kind met polio te moeten leven?
'Ik kreeg een beugel om mijn verlamde been. De specialist wist niet wat hij ermee aan moest. Hij zei tegen mijn moeder: zorg dat hij veel kalk binnen krijgt. Elke ochtend moest ik de geklutste dooier van een rauw ei opeten. Het eiwit smeerde mijn moeder over mijn voet. De eierschaal maakte ze fijn in een vijzel en werd door mijn pap geroerd. Vanaf mijn 2de jaar moest ik dat zelf doen. Het heeft niet geholpen. Van mijn 3de tot mijn 5de ging ik twee keer per week met mijn moeder naar het academisch ziekenhuis in Leiden. Van het ritje in de stoomtram genoot ik elke keer opnieuw. In het ziekenhuis kreeg ik elektroshocks toegediend. Zo hoopten ze de zenuwen in mijn been te activeren. Ook dat hielp niet. Als ik bedroefd was, zei mijn moeder: "Een grote jongen zijn, niet huilen."'

Jongens die te horen krijgen dat ze niet mogen huilen, wat vindt u daarvan?
'Je pijn en verdriet weg huilen is voor iedereen goed, dan ontspan je.'

Hoe heeft uw beperking u gevormd?
'Ik ben er sterk door geworden, en keihard. Willen ze mij niet? Dan hoef ik hen ook niet. Mijn oudere broer zat bij de padvinderij, daar leerde hij knopen leggen, vuurtjes maken, ze gingen kamperen en beleefden mooie avonturen. Ik zette zijn welpenpetje wel eens op en dacht: dat wil ik ook. Ik vroeg het aan mijn moeder en zij ging met de akela, de leider, praten. Die zei dat het niet kon, want als ze gingen wandelen, zouden ze met mij erbij niet kunnen doorlopen. Op zo'n moment voelde ik mij een buitenbeentje. Mijn moeder troostte mij.'
'Met drie vrienden richtte ik een club op, "Het Jolige Kwartet". De schuur in onze achtertuin was ons clubhuis. We zaten op botertonnen te vergaderen en plannen uit te broeden. Ik maakte

een kar die we vulden met proviand en regenjassen, daarmee gingen we in een rustig tempo wandelen naar Santpoort, of naar IJmuiden, grote boten kijken. Zo hadden we onze eigen padvinderij.'

Had u een jongensdroom?

'Mijn vader was de particulier chauffeur van jonkheer Boreel, die woonde op landgoed Waterland in Velsen. In de jaren twintig en dertig konden alleen de rijken zich een auto veroorloven. Rijden konden ze niet, dus huurden ze een chauffeur in. Mijn vader bracht hem overal naartoe – naar het Concertgebouw, de jacht, naar vakantieadressen in het buitenland. Ik genoot van zijn avonturen. Mijn grote broer werd automonteur. Dus ik wilde ook iets met auto's. Vlak bij school was een garage, waar ik op woensdagmiddag vaak op de drempel stond toe te kijken. Op een dag wilde een monteur mij laten zien hoe hij een auto repareerde en ging eronder liggen. Ik had mijn goeie goed aan, dus zei hij: ga maar aan je moeder een overall vragen. Dat zag mijn moeder niet zitten. "Ik heb al elke dag twee vette overalls van je vader en je broer in de was, ga jij later maar doorleren," zei ze. Die wijze raad heb ik opgevolgd. Na de lagere school wilde ik naar de hbs, maar daarvoor moest je betalen en dat geld hadden mijn ouders niet. Ik deed mulo-4. Op mijn 16de had ik mijn diploma en ging ik werken. In de avond deed ik de handelsschool en haalde ik praktijkdiploma's handelscorrespondentie Engels, Duits en Frans.'

Hoe kwam u in de crisisjaren dertig aan werk?

'Er was in die tijd bijna geen werk, veel werknemers werden juist ontslagen. Waar ik ook solliciteerde, ik werd niet aangenomen. Ik trok de stoute schoenen aan en belde een assurantiekantoor in Haarlem, en zei dat ik de directeur wilde spreken. Gewoon brutaal zijn, dacht ik. "Wat is de bedoeling?" vroeg de directeur. Ik zei dat ik graag als vrijwilliger kantoorervaring bij hem wilde opdoen en alles over assurantiën wilde leren. Ook vertelde ik hem over mijn mankement. Ik mocht komen en kreeg ook nog betaald: 2,50 gulden per maand. Na een tijdje ging de chef de bureau drie weken weg en kreeg ik de kans hem te vervangen: polissen schrijven op een typemachine. Het ging zo goed dat ik in vaste dienst kwam. Daarna heb ik nog 34 jaar bij een grote bank gewerkt.'

Wat vindt u de grootste verandering van de afgelopen eeuw?
'O, er is zoveel. Denk aan de luchtvaart, maar ook aan de telefoon. Nu heeft iedereen een eigen apparaat waarmee je kunt bellen, berichten versturen en fotograferen. Toen ik jong was hadden we thuis een telefoon met een slinger, als je daaraan draaide, kreeg je verbinding met een telefoniste. Zij vroeg wie je wilde bellen, maakte via een groot schakelbord contact en zei dan: "Praat u maar." Er is veel verdwenen, maar er is veel moois voor in de plaats gekomen.'

Wie is uw grote liefde?
'Mijn vrouw Tini. We zijn 70 jaar getrouwd geweest. Ik heb haar in 1941 bij de christelijke jongerenvereniging ontmoet. De jongens en meisjes waren gescheiden, maar één keer per jaar was er een gezamenlijke vergadering. Ze kwam naast mij zitten. Ik had natuurlijk al wat geintjes gehad, maar ik vond haar meteen leuk: rustig en niet zo opdringerig. Na afloop bracht ik haar achter op de fiets naar huis. We spraken vaker af en in 1943 zijn we verloofd. Ik wilde het uitstellen, want om je als gehandicapte aan een vrouw te tonen, was wel een overwinning. Maar van uitstel wilde ze niets weten. Na de oorlog, toen mijn broer terug was van tewerkstelling in Duitsland, zijn we getrouwd. Met drie koetsen met paarden. Tini was een geweldige moeder, ze maakte alle kinderkleertjes zelf.'

Hoe houd je een huwelijk 70 jaar goed?

'Geven en nemen. Door naar elkaar te luisteren, te vragen naar het waarom als je iets niet begrijpt en niet meteen je mening te geven. Ik laat niet over me heen lopen, maar ik wil wel graag met een ander meelopen.'

Bij het afscheid mompelt hij: 'Ik heb ook artrose, daardoor worden mijn vingers stijf en gaan ze krom staan. Ook dat went. Ik ben niet stuk te krijgen.' En hij citeert nog een strofe uit eigen werk:

Als ik straks mijn ogen sluit
Afscheid neem van hier beneden
Wees er dan van overtuigd
Ik ben zeer dankbaar en tevreden

‘Mijn moeder zag het niet zitten als ik zou trouwen’

Jet Veenland

GEBOREN: 5 oktober 1921 in Amsterdam

Jet Veenland heet eigenlijk Jikke, maar werd door haar moeder Jet genoemd en zo is het altijd gebleven. De geboren Amsterdamse heeft een groot deel van haar leven bij haar ouders gewoond. Na het overlijden van haar vader op 85-jarige leeftijd, leefde ze samen met haar moeder, die uit hetzelfde hout was gesneden als haar jongste dochter – ook zij wist de leeftijd van 100 jaar te bereiken. Jet en haar drie zussen kregen het voor elkaar om in Lelystad vier huizen op een rij te huren. Zo konden ze samen voor hun hoogbejaarde moeder zorgen.

Inmiddels is ze alleen overgebleven en woont ze, nog steeds zelfstandig, in een door veel groen omgeven wooncomplex voor 55-plussers. Op de eerste verdieping van haar woning komt ze niet meer. Een groot deel van de dag brengt ze door in haar leunstoel naast de eettafel, met een ‘ouderwetse’ toetstelefoon pal naast haar en de rollator voor het grijpen. Haar warme maaltijden worden aan huis bezorgd.

De goedlachse Jet Veenland laat als het over haar persoonlijke leven gaat, niet graag het achterste van haar tong zien.

Hoe ziet uw gemiddelde dag eruit?

'Nou, niet altijd even vrolijk hoor. Als je een lang leven hebt gehad en je bent alleen overgebleven, valt het niet mee. Het grootste deel van de dag zit ik hier alleen op mijn stoel. Ik loop slecht en wat moet je dan doen? Ik kan hooguit een beetje met de rollator heen en weer lopen door mijn huis, en iemand opbellen. Dan bel ik bijvoorbeeld mijn neef Roelof of Judit, zijn vriendin. En Coby, de steun en toeverlaat van mijn oudste broer. Hij is 101 geworden. Van mijn drie zussen en twee broers ben ik nog de enige die in leven is. Met mijn zussen was ik heel hecht, op deze leeftijd met hen samen zijn, was een stuk gezelliger geweest. Ik krijg wel bezoek, ze drinken een kop koffie en gaan weer weg. Dan heb ik toch het idee: ze hebben aan mij gedacht.'

Hoeft het voor u eigenlijk niet meer?

'Dat wil ik niet zeggen. Ik denk vooral: hoelang zal ik hier nog zitten? Het leven heb ik te nemen zoals het komt. Ik ben blij dat ik zelfstandig woon, want een bejaardenhuis lijkt mij helemaal niks, daar is het heus niet zo gezellig als het misschien lijkt. Het maakt mij blij als er iemand langskomt, en ik geniet van de vogeltjes in de tuin. Dat is een hele afleiding. Ze komen af op het vele voer voor het raam. Ik ben ook dankbaar voor het eitje en kroketje dat mantelzorger Cees vanmiddag kwam langsbrengen. 100 jaar worden was ook leuk door alle belangstelling die er was op mijn verjaardag. De burgemeester kwam en familie. En er waren ook mensen langsgekomen die ik helemaal niet ken, maar gezellig was het. Ik heb niks te klagen.'

En u kreeg een oorkonde van de Partij voor de Dieren, die hier op tafel ligt.

'Ja. Er staat op dat ik het oudste lid ben. Daar ben ik wel trots op. Iemand van de Partij voor de Dieren kwam de oorkonde persoonlijk langsbrengen. Sinds de oprichting heb ik altijd op ze gestemd en ik ben al lang lid. Ik ben een groot dierenliefhebber. Je mag dieren niet slecht behandelen, niet schoppen en slaan. Hiervoor stemde ik op de PvdA, die doet zijn best voor gewone mensen, voor mensen die het minder goed hebben, dat vind ik ook belangrijk. Na de oorlog stemde ik op de Communistische Partij, want de Russen hadden veel gedaan om de nationaal-socialisten te verjagen. En veel communisten in Nederland waren actief geweest in het verzet.'

Hoe heeft u de oorlogsjaren doorgemaakt?
'Dat was de moeilijkste tijd in mijn leven. Er was veel angst. Mijn vader had een rijwielhandel. Onze straat was een winkelstraat, de Jan Evertsenstraat in Amsterdam. Veel winkeliers waren Joden. Ik heb heel wat van hen weggevoerd zien worden. Zoals een oude vrouw, die nauwelijks kon lopen. Ze werd bij een razzia uit haar huis gehaald, een auto ingeduwd en weggereden. Alleen omdat ze Joods was.'
'Die razzia's trok ik mij erg aan. Ook bekenden van ons zijn weggevoerd. We leefden als gezin in angst toen een Joodse vriend van mijn oudste broer opbelde en om hulp vroeg toen er een razzia gaande was in zijn straat. Mijn broer gaf hem zijn persoonsbewijs en zei: doe of je mij bent en vlucht! Maanden later kregen we een nieuwjaarskaart uit Zwitserland van zijn vriend en zijn vrouw. We waren opgelucht dat ze veilig bleken te zijn. Na de oorlog stond hij voor onze deur in een Amerikaans uniform.'
'Met mijn zussen ben ik in de Hongerwinter op hongertocht gegaan, op de fiets langs boerderijen, tot in Friesland. We waren dagen onderweg om bij boeren om eten te bedelen, we sliepen op hooizolders. Het was gevaarlijk, want het was verboden te hamsteren. En die boeren waren lastig hoor. Ze gaven niet zomaar wat te eten, ze wilden er altijd iets voor terug. Dan ruilden we textiel voor een zak aardappels, andere boeren wilden geld zien.'

Welke herinnering koestert u?

'Dat is een moeilijke vraag. Ik heb zoveel meegemaakt, dan is het moeilijk kiezen en ik heb niet alles onthouden. Omdat er in de oorlog niets was, besloten mijn jongste broer, zussen en ik een muziekgroep op te richten. We noemden ons bandje Velolas en wilden wat vrolijkheid brengen. We speelden Hawaiiaanse muziek, die was heel populair in de jaren dertig en veertig. In onze muziekgroep speelden er twee jazzgitaar, twee Hawaiigitaar, en ik speelde ukelele. We waren fan van de Kilima Hawaiians, een Nederlandse groep die Nederlandstalige Hawaiiliedjes zong. Die zongen wij na. We traden op in bioscoop West-End, tegenover ons huis, en in theater Bellevue. Dan mochten we voordat de film of voorstelling begon een paar nummers spelen.'

In wat voor gezin bent u opgegroeid?

'Het was een hecht gezin, we hadden het heel gezellig met elkaar. Mijn ouders hadden nooit ruzie. Ik heb een fijne jeugd gehad. We kregen allemaal muziekles aan huis. In de zomer gingen we op de fiets op vakantie naar Zandvoort aan Zee of Wijk aan Zee, kamperen. Omdat mijn vader een rijwielhandel had, kregen we allemaal jong een fiets. Mijn vader werkte lange dagen in zijn zaak. Hij repareerde en verhuurde fietsen en had een rijwielstalling. In de oorlog heeft een groep Duitse soldaten rijwielen bij hem uit de stalling geconfisqueerd. Mijn vader kreeg een pistool tegen zijn hoofd en zo werd hij gedwongen fietsen aan de Duitsers af te staan. De soldaten sloegen ermee op de vlucht. Die fietsen bleken van NSB'ers te zijn, die aangifte zijn gaan doen. Vervolgens zijn die deserteurs opgespoord. Ze kregen allemaal de kogel.'

Veel meisjes van uw generatie mochten na de lagere school niet doorleren en sleten hun dagen in de huishouding. Hoe is dat bij u gegaan?
'Onze ouders wilden dat wij alle zes zouden doorleren. Zo heb ik de ulo gedaan. Na een tijdje mijn moeder in de huishouding te hebben geholpen, ben ik tandartsassistente geworden, op een polikliniek waar mensen hun gebit konden laten saneren. Ik deed de patiëntenadministratie. Dat werk heb ik heel lang gedaan.'

U bent niet getrouwd en moeder geworden?
'Ik was daar nooit zo mee bezig.'

Hoe kan dat als een gezin in die tijd de lotsbestemming van vrouwen was?
'Ik heb daar nooit bij stilgestaan.'

Bent u nooit de ware Jacob of Jacoba tegengekomen?
'Het is gegaan zoals het is gegaan.'

Bent u wel eens verliefd geweest?
'Ik heb veel aardige mensen ontmoet. En ik ben wel eens verliefd geweest, maar algauw denk je: hoe is het mogelijk? Dan lijkt hij eerst leuk, maar achteraf denk je: brrrr. Ik had een leuke familie, we waren hecht met elkaar en konden veel met elkaar lachen.'

Had u daardoor geen behoefte aan een relatie?
'Mijn moeder was niet van het trouwen. Ze heeft laten merken dat ze dat niet zo zag zitten. Ze wilde mij bij zich houden en ik wilde geen ruzie. Ik heb heel lang bij mijn ouders gewoond, en later alleen met mijn moeder. Nu woon ik op mezelf.'
En dan, ineens:
'Ik heb wel een vriend gehad, Jaap. We zijn lang samen geweest. In de jaren vijftig en zestig hebben we in één huis gewoond. Maar

het viel niet mee om samen te wonen. Tegenwoordig is het veel makkelijker om samen te wonen, zonder te trouwen. Als je niet trouwt, kom je er nu makkelijker mee weg.'

Wat is uw belangrijkste levensles?
'Goed met elkaar omgaan, geen kritiek hebben op een ander en niet zeggen: zo moet jij het doen. Laat elkaar vrij.'

Hoe zou u zichzelf typeren?
'Als een moeilijk persoon. Ik ben koppig. Dat ben ik als iemand niet doet wat ik wil. Ik ben namelijk de baas. Ik vind dat ik het er met deze eigenschap goed vanaf heb gebracht.'

‘Mijn volgende leven mag zwaar zijn, anders leer ik niks’

Johannes Stots

GEBOREN: 10 juni 1921 in Groningen

Johannes Stots is een sensitieve en blijmoedige man, die zich losscheurde uit het keurslijf van de gereformeerde kerk met zijn vermaledijde restricties. Religieus bleef hij wel. Hij sloot zich aan bij een mystieke, astrologische orde. Angst voor de dood heeft de altijd nog trappen lopende 100-jarige niet, want hij gelooft in reïncarnatie. Stots kijkt uit naar de lessen die hij in zijn volgende leven zal leren. Hoe zwaarder, hoe beter.

Had u een jongensdroom en wat is daarvan terechtgekomen?

‘Ik wilde vlieger worden om over de hele wereld te kunnen rondscharrelen, maar bij een onderzoek bleek dat ik kleurenzwakte had, dan zie je het verschil tussen kleuren niet goed. Ik wijzigde mijn plan en besloot na de hbs-b wiskunde te studeren, om leraar te worden. Maar op de universiteit moest je van de Duitse bezetter een loyaliteitsverklaring over Hitler-Duitsland ondertekenen, en dat wilde ik natuurlijk niet. Dus dat ging ook niet door. Wel heb ik tot mijn 70ste aan zweefvliegen gedaan, dat kon gelukkig wel.’

Hoe bent u uiteindelijk uw brood gaan verdienen?
'Eerst als horlogemaker en later als opticien. Het vak van horlogemaker leerde ik van mijn vader. In mijn tijd werd een ambacht van vader op zoon overgedragen. Als kind zat ik aan zijn voeten en keek mee. Horlogemakers zijn filosofen. Ze zitten de hele dag in het uurwerk te kijken, bezig met de tijd en de eeuwigheid, alleen met hun gedachten.'

In wat voor gezin bent u opgegroeid?
'We woonden in de stad Groningen. Mijn vader was gereformeerd en streng, mijn moeder was hervormd en soepeler. Ik was de oudste van drie jongens. Gehoorzaam zijn aan je ouders was in die tijd heel belangrijk, dat is nu wel anders. In huis golden strikte regels: je moest altijd op de afgesproken tijd thuiskomen en op zondag mocht je niks, behalve twee keer naar de kerk gaan en wandelen.'
'Een opvoeding in een christelijk gezin heeft zijn beperkingen. Ik wilde op zondag fietsen, maar dat mocht niet. Dus stalde ik op zaterdag mijn fiets bij onze winkel. Zondagochtend ging ik op het achterste bankje in de kerk zitten en sloop algauw weg, liep naar de winkel en fietste in een halfuur naar vliegveld Eelde. Daar ging ik naar zweefvliegtuigen kijken. Soms landde er een toestel afkomstig van Schiphol. Daar hoopte ik natuurlijk op. Kort voor het einde van de dienst schoof ik weer in de kerkbank. Mijn vader heeft het nooit in de gaten gehad.'

En uw moeder, kneep zij een oogje dicht?
'Ze heeft nooit iets gezegd. Ach, mijn arme ouders. Ik wilde eerlijk zijn, maar dat lukte niet. Ik vond die zondagen zo saai en de restricties beklemmend. Daar ga je als kind dan tegenaan trappen. Maar tegelijkertijd was je bang voor de hel die je te wachten stond als je je zondig had gedragen. Dan zei ik tegen mijn broer, die ook niet de braafste was: het wordt gezellig daar, want we zullen met veel kennissen zijn.'

Hoe bent u de oorlog doorgekomen?

'In 1942 kreeg ik een oproep voor de Arbeitseinsatz. Ik moest mij om zo-en-zo laat melden op station Groningen. We zouden via Utrecht per trein naar Duitsland worden vervoerd. In Utrecht ben ik stiekem de trein uitgestapt en de stad in gelopen. Na een paar uur pakte ik de trein naar Innsbruck, waar mijn broer woonde. Ik kon bij hem intrekken. Er was een tekort aan horlogemakers, dus ik kon daar goed geld verdienen. Na een jaar ben ik teruggekeerd, want ik miste mijn moeder.'

'Tot het eind van de oorlog heb ik ondergedoken gezeten in de kelder van onze winkel. Mijn tijd bracht ik door met horloges en klokken repareren. Na de oorlog ben ik daarmee doorgegaan en heb ik ook het vak van opticien geleerd. In 1948 begonnen mijn vrouw en ik een eigen optiek in Amersfoort. De bril zag ik veranderen van noodzakelijk kwaad voor gehandicapten in een mode-accessoire.'

U vertelde dat horlogemakers filosofen zijn, ziet u zichzelf ook zo?

'Ik ben altijd bezig geweest met de taak van de mens op deze aarde, en ben heel religieus. Maar ik wilde niets van doen hebben met regels en restricties. Na verloop van tijd kwam ik in aanraking met andere geloofsrichtingen en met mensen die net zoals ik zochten naar vrijheid in hun religieuze beleving. Een van die personen was Theo Ram, hij was vrijmetselaar geweest en legde verbanden tussen de rituelen van de vrijmetselaars en de astrologie. Zijn denkwijze vond ik zo mooi, dat ik mij aansloot bij zijn orde van de Astrologische Ceremoniële Mystiek.'

Wat sprak u zo aan in deze mystieke orde?

'Dat er een relatie bestaat tussen mijn bestaan en de kosmos. Dat besef, dat we als mens onderdeel zijn van het heelal, gaf een basis en diepte aan mijn bestaan, en ook houvast. De zon komt elke dag op en geeft leven, de maan houdt alles bij elkaar, zoals een moeder dat in het gezin doet. Elke ochtend als ik weer wakker word, dank ik dat ik mag leven en hoop ik deze dag de zon te ervaren en te mogen doorgeven. Dankbaar zijn is voor mij de kern van mijn bestaan.'

Wie is uw favoriete denker?

'Theosoof Helena Blavatsky. Zij heeft ons kennis laten maken met de geheime leer: de erkenning dat je als mens een functie hebt in deze wereld. En dat je probeert een relatie aan te gaan met het goddelijke in je. Daar is de kwaliteit van je leven afhankelijk van. De mens is toch het meest wonderlijke wezen op aarde, omdat hij in staat is zijn gedachten vast te leggen.'

Tot welke kwaliteit van leven leidt het goddelijke?

'Tot het besef dat er gerechtigheid is en problemen waar je tegenaan loopt goed zullen komen, is het niet nu dan in je volgende reis na de dood. Reïncarnatie is de enige nuttige oplossing van levensproblemen: je kunt van je fouten leren en deze in een volgend leven herstellen. We zullen allemaal eindigen als goden, sommigen zijn al zover, anderen zijn nog onderweg en leren van de gevolgen van hun daden. Ik ben gezegend dat ik inzichten heb mogen krijgen en mij mens kan voelen. Dat voel ik vooral in stilte, dan kan ik zijn.'

Wat heeft u moeten leren in dit leven?

'Als je aanneemt dat alles zin en betekenis heeft, dan accepteer je alles wat op je pad komt. Het is jammer als iemand op je tenen staat, dan roep je "au" en dat is dat. Acceptatie helpt volledig om met problemen te kunnen omgaan, ik kan het iedereen aanraden.'

Als er onrecht op uw pad komt, is niets doen dan de enige optie?
'Nee, het rechtvaardigheidsgevoel maakt dat je kijkt of je iemand tot steun kunt zijn, zonder te oordelen.'

Heeft u wel eens moeite gehad iets te accepteren?
'Een van de droevigste ervaringen in mijn leven was mijn vriendschap met een homoseksuele jongeman. Ik was een jaar of 20. Het klikte via het religieuze. Het was een warme, goede vriendschap, we hielden op een bepaalde manier van elkaar. Een hechte vriendschap kan grote diepten bereiken, dat is het mooiste wat er is. Als vrienden konden we gearmd over straat lopen, vond ik, maar dan vroegen de mensen: ben je homo? "Nee," zei ik, "dit is mijn vriend en hij is toevallig een man." Homoseksualiteit vind ik onnatuurlijk, maar ik probeer niet op de grote stoel van God te gaan zitten. Het is zonde van de moeite om te proberen hier begrip voor te krijgen. Aanvaarden is de enige weg.'

Wat maakte u zo bedroefd?
'Dat deze goede vriend niet de liefde kon ervaren met een vrouw en kinderen, dus het geluk van een huisgezin miste.'

Mogelijk was hij daar zelf niet verdrietig om.
'Dat kan. Toch vond ik het voor hem een gemis.'

Wat is uw lievelingsboek?
'*Wij-zangen* van de Indiase schrijver Rabindranath Tagore. Hij is als een halfgod voor mij. Zijn woordkeuze is zo liefdevol. Ik kom erdoor in een andere wereld. Ik lees er iedere dag in.'
Hij pakt het kleine boekje erbij, slaat het op een willekeurige bladzijde open en begint voor te lezen: 'De zon rees in het zenit en duiven koerden in de schaduw. Verdorde bladeren dansten en dwarrelden in de hete middaglucht. De herdersjongen dommel-

de en droomde in de schaduw van de banjanboom en ik legde mij neer bij het water en strekte mijn moede leden op het gras.'
In stilte leest hij verder, zijn hoofd beweegt mee met het ritme van de zinnen. Hij lijkt het bezoek even te vergeten en weg te dromen bij de woorden van zijn halfgod.

Hoe kijkt u terug op de afgelopen 100 jaar?
'Ik heb mijn vak als horlogemaker en opticien met liefde en overgave gedaan. Zo heb ik veel mensen kunnen helpen, dat is het mooiste wat een mens kan doen. Als hoofd van de Astrologische Ceremoniële Mystiek heb ik mijn best gedaan anderen te steunen in hun zoektocht in het leven. Ik heb veel mogen beleven en met mijn vrouw Trinette drie kinderen gekregen, met wie het goed gaat. Ik weet niet waar ik al het geluk aan te danken heb.'

U gelooft in reïncarnatie, dus u bent niet bang voor de dood?
'Inderdaad. Mijn volgende leven mag zwaar zijn. Als mij geen zware opdrachten te wachten staan, en het leven vanzelf gaat, leer ik niet zoveel.'

‘Soms moet je je principes laten varen’

Selma van de Perre

GEBOREN: 7 juni 1922 in Amsterdam

Selma van de Perre schrikt niet van mijn pijnlijke verspreking, als ik haar opzoek in haar woonplaats Londen. Op de vraag in welk hotel ik overnacht, is mijn antwoord: ‘Vlak bij metrohalte Ravensbrück.’ ‘Je bedoelt zeker Ravenscourt?’ zegt ze kalm. En: ‘Ik vergis mij ook wel eens.’ Ravensbrück is de beladen naam van het concentratiekamp voor vrouwen waar ze in september 1944 als politieke gevangene onder haar valse naam Marga van der Kuit werd opgesloten en in mensonterende omstandigheden dwangarbeid moest verrichten. Ze slaagde er wonderwel in haar Joodse identiteit verborgen te houden, zoals dat ook al was gelukt tijdens haar verzetswerk. De angst ontdekt te worden, kostte haar wel veel slapeloze nachten. En nog steeds zijn de nachten rusteloos.

Hoe gaat het met u?

‘Ik ben elke dag blij dat ik leef. Wel is het moeilijk te verteren dat ik sinds een jaar last heb van maculadegeneratie, waardoor ik nog maar weinig zie. Ik was gewend veel te lezen, bridgen, schrijven en schilderen. Dat gaat niet meer. Ik luister audioboeken, kook mijn avondeten en dwing mijzelf dagelijks een rondje door het park te lopen. Dan zeg ik: “Hup Selma, eruit.”’

Hoe heeft u uw 100ste verjaardag gevierd?

'Het was een fantastische dag. Mijn zoon Jocelin had een zaal gehuurd op de golfclub, waar ik tot twee jaar geleden heb gegolfd. Het was zulk mooi weer dat we buiten konden zitten. Er waren meer dan 65 gasten, ook familieleden en vrienden uit Nederland. Door het boek over mijn leven dat ik in 2020 heb gepubliceerd (*Mijn naam is Selma, red.*) hebben verre familieleden mij ontdekt, zoals een achterneef en achternicht. Daar ben ik heel blij mee, omdat ik in de oorlog veel familieleden heb verloren. Vriendinnen hadden 45 schilderijen van mijn hand tentoongesteld in de Dutch Church in hartje Londen, die zijn allemaal verkocht. De opbrengst gaat naar goede doelen.'

Het is uitzonderlijk om 100 jaar te worden, en indrukwekkend als je een overlevende van de Holocaust bent.

'En nu wil je zeker weten hoe ik dat gedaan heb? Wat kan meespelen, is dat ik altijd actief ben gebleven. Ik heb tot een paar jaar geleden golf en tennis gespeeld. Nu doe ik mee met tv-spelletjes waarbij je je hersenen moet gebruiken, wandel ik en loop in huis de trappen op en neer. Verder heb ik een opgeruimd karakter. Ik accepteer een situatie zoals die is. Maar ik geloof dat 100 worden vooral genetisch bepaald is. Mijn oudste broer is 91 jaar geworden. Als hij niet was besmet met het SARS-virus, had hij misschien ook de 100 gehaald. Als mijn oma niet in Auschwitz was vermoord, had ze ouder dan 84 kunnen worden.'

In uw boek gebruikt u vaak het woord 'geluk' over uw oorlogsjaren.

'Ik noem het geluk, maar een goede vriendin zegt: "Het was geen geluk, je nam de juiste beslissingen." Ik denk dat ze gelijk heeft. Vanbinnen voelde ik wat ik moest doen, zoals die dag in november 1942. Onderweg naar de bontfabriek, waar ik werkte, kreeg ik een onbehaaglijk gevoel en besloot rechtsomkeert te maken. Een paar uur later viel de Sicherheitsdienst de fabriek binnen, alle Joodse medewerkers werden opgepakt en afgevoerd.'

'Mijn karakter kan ook meespelen: als het nodig is, handel ik. Zoals in de jaren zestig, toen ik hoorde dat een moeder van een ernstig ziek kind dat in het ziekenhuis lag, alleen tijdens het bezoekuur mocht langskomen. Bespottelijk. Met het comité Moeders met kinderen kregen we het voor elkaar dat elke moeder in Engeland bij haar zieke kind mocht blijven. Dat is nog steeds zo.'

'Ik geloof ook dat je in sommige omstandigheden je principes moet laten varen. Een deel van de vrouwen in kamp Ravensbrück werd tewerkgesteld in de Siemens-fabriek, die ernaast stond. Sommigen weigerden, omdat het een Duitse fabriek was. Zij werden afgevoerd en afgemaakt. Belangrijker dan principes in zo'n situatie vind ik in leven blijven, om anderen te helpen overleven. Met meebewegen kun je proberen een situatie naar je hand te zetten.'

Zoals u lukte in de Siemens-fabriek.

'Ik had gehoord dat de dwangarbeid in de fabriek fysiek niet zo uitputtend was. Op een vroege ochtend ging ik met een vriendin in de rij staan van een geselecteerde groep vrouwen die elke dag vanuit de barakken naar de Siemens-fabriek moest lopen. Het lukte om ongemerkt binnen te komen. Maar het werk, metalen draadjes solderen, lukte mij niet. Mijn handen trilden van de zenuwen. Ik was bang om ontdekt en vermoord te worden. De telefoon in de fabriek rinkelde vaak, ik nam elke keer op en riep dan de chef. Die zei algauw dat ik zijn secretaresse moest worden en zo geschiedde.'

Nadat het kamp was bevrijd, besloot u nooit over de ontberingen te praten en u op de toekomst te richten. Door het internationale succes van uw boek heeft u het ene interview na het andere. Hoe is dat voor uw zielerust?
'Niet goed. Na elk interview denk ik: ik had het anders moeten zeggen. Het schrijven en publiceren van het boek hebben veel overhoop gehaald. Ik ben mezelf veel vragen gaan stellen. Waarom ben ik in het verzet gegaan? Waarom ben ik niet gewoon op de kamer van mijn onderduikadres blijven zitten om daar de oorlog af te wachten, zoals veel mensen deden? Het antwoord is: ik weet het niet. Omdat ik hulpvaardig van karakter ben, bood ik mijn hulp aan toen ik hoorde dat het verzet mensen tekortkwam. Tijdens mijn opdrachten voor het verzet heb ik veel angstige momenten beleefd, maar ik ging door, totdat ik werd gearresteerd.'

Wat bevalt u beter, zwijgen of praten?
'Ik kan zwijgen, ik kan praten, maar de pijn is er altijd. Ik heb niet zozeer last van wat ik zelf heb meegemaakt, wel van wat mijn ouders en zusje Clara hebben moeten doorstaan. Ik weet dat mijn moeder en Clara in Sobibor zijn vermoord en mijn vader in Auschwitz is omgebracht, maar ik weet niet wat daaraan vooraf is gegaan. Nog steeds word ik vaak vroeg wakker met nare dromen. Vanochtend nog, ik had gedroomd dat mijn moeder en zusje Clara in een treinwagon werden gegooid.'
'Mijn twee oudere broers konden overleven doordat ze tijdens de oorlog in Engeland waren, in dienst van de Nederlandse strijdkrachten. Zij hebben niets geweten van mijn kampervaringen. Niemand vroeg ernaar, zij ook niet. Uit mezelf kon ik er niet over beginnen.'
'In augustus 1945 keerde ik terug in Nederland, en ging van logeeradres naar logeeradres. Van de buren van mijn ouderlijk huis in Amsterdam hoorde ik dat er nu andere mensen woonden. Ik vraag mij af waarom ik nooit bij ons huis heb aangebeld. In no-

vember 1945 was ik uitgenodigd op de Nederlandse ambassade in Londen. Ik kreeg een baan en huisvesting aangeboden, geregeld door mijn broers. Beide nam ik aan, ik was jong en stond open voor een avontuur. Een huisgenote vertelde mijn jongste broer David dat ik 's nachts vaak lag te huilen. Hij kwam langs, vroeg naar het waarom en zei dat ik ermee moest stoppen, er zijn immers zoveel mensen die geen ouders en zusje meer hebben. Maar die zijn niet allemaal zo gruwelijk aan hun einde gekomen, reageerde ik. Bij dit korte gesprek is het gebleven. Met mijn vriendinnen uit kamp Ravensbrück kon ik wel praten én soms wrange grappen maken.'

Heeft u ooit overwogen terug te keren naar Nederland?

'Ja, verschillende keren, ook in 1979, na het overlijden van mijn man Hugo. Hoe Engels ik ook geworden ben, als op Wimbledon een Nederlander speelt, zoals Tim van Rijthoven, hoop ik dat die wint. Ik bleef in Londen omdat mijn zoon in Engeland woont, ik hier een grote vriendenkring heb opgebouwd, ik tennis en golf speelde en op schilderles zat. Mijn man werkte als correspondent voor Nederlandse en Belgische kranten. Zijn opdrachtgevers vroegen kort na zijn overlijden of ik zijn werk wilde overnemen. Ik zegde mijn baan als docent wiskunde op en werd journalist. Ook dat werk wilde ik niet opgeven, ik vond het een mooi eerbetoon aan Hugo.'

'De eerste jaren dat ik in Londen woonde, heb ik mij heel eenzaam gevoeld. Mijn broers hadden hun eigen leven, hun vrouwen waren heel religieus en daar voelde ik mij niet bij thuis. Na verloop van tijd heb ik mijn weg gevonden. Ik ging bij de BBC werken, sociologie en antropologie studeren, werd docent en leerde Hugo van de Perre kennen. Hij was een rustige man, dat was heel goed voor mij.'

Wat hebben uw oorlogservaringen gedaan met uw mensbeeld?

'Ik geloof dat de meeste mensen goed zijn, of goed willen zijn, maar soms niet kunnen. Nog steeds vind ik het moeilijk om anderen te vertrouwen. Ik heb veel dingen gezien: ouders die hun kinderen en kinderen die hun ouders verraadden, omdat zij in het verzet zaten. Je moet voorzichtig zijn met iemand een verrader noemen, want je weet niet wat eraan voorafgegaan is. Ik weet dat sommigen pas gingen praten nadat hun teennagels waren uitgerukt.'

'Ofschoon ik van nature geen bang mens ben, voel ik tot op de dag van vandaag angst als ik buiten ben en hoor dat er iemand achter mij loopt. Dan kijk ik via het glas van een winkel wie dat is. En zeg ik tegen mezelf: "Toe Selma, schei uit."'

Tot slot iets vrolijkers. Wat is uw dierbaarste jeugdherinnering?

'Ik ben in een heel open, liberaal gezin opgegroeid. Er was veel humor. Mijn vader was artiest, daardoor verhuisden we veel en leerde ik mij overal aan te passen. Een van mijn mooiste herinneringen is schaatsen op de Amsterdamse grachten en de slootjes bij Diemen. Ik hield van heel hard schaatsen, en later van hard rijden met de auto. Ik heb lang een sportauto gehad, met open dak.'

‘Niet klagen maar dragen, is de levensles die ik heb geleerd’

Piet Moerland

GEBOREN: 1 oktober 1921 in Stavenisse

Piet Moerland kan geen dag zonder de zee. Weer of geen weer, elke ochtend rijdt hij de dijk op om over de natte vlakte te turen. Tot een jaar geleden nog op zijn herenfiets, sinds een val (‘geen schrammetje, niks gebroken’) op de scootmobiel. Hij hoeft maar zijn straat uit te rijden, een keer rechts en een keer links het dorp Stavenisse door, langs het haventje omhoog, en dan is daar op de dijk de Oosterschelde met links aan de horizon de Zeelandbrug. Bij helder weer is daarachter de waterkering te zien, die het schiereiland Tholen met Stavenisse aan de kop behoedt voor een herhaling van de talrijke overstromingen van weleer. Moerland koestert geen enkele wrok tegen het water dat Zeeland, zijn dorp en zijn nog jonge gezin ooit zoveel ellende bezorgde. ‘Elke dag is het hier weer anders en even mooi,’ mijmert hij.

Het dagelijkse uitstapje van de 100-jarige, rijzige en goedlachse Zeeuw stopt niet bij het uitkijkpunt. Het voert nog verder, een paar kilometer benedendijks, langs de plek waaraan hij zijn mooiste jeugdherinneringen bewaart. Op driekwart van het rondje wijst hij naar het vlakke akkerland. ‘Als je goed kijkt, zie je dat een stuk grond daar verderop iets lager ligt. Daar stond vroeger de boerderij waar ik als jong kind zeven jaar met mijn ouders, vijf broers en twee zussen woonde. In de zomer klommen we de dijk over om mosselen te verzamelen en zeekraal te snijden. Dat werd toen gezien als armeluisvoedsel, nu liggen ze als delicatessen in de viswinkel.'

Thuis, in zijn bruine leren leunstoel met hoge rugleuning bij het raam, staat voor zijn neus op de vensterbank een ingelijste foto van de boerderij, als een verloren liefde waaraan hij graag dagelijks wordt herinnerd. 'Bij de Watersnoodramp in 1953 is de boerderij weggevaagd.' Piet Moerland was toen 31 jaar. Hij woonde met zijn vrouw Helena en zijn dochter Adri van 4 een paar honderd meter verderop in het dorp en stond die nacht doodsangsten uit.

Had u vroeger een jongensdroom en is daar nog iets van uitgekomen?

'Haha, een jongensdroom? Daar hield ik mij niet mee bezig. Werken, een andere keuze was er niet. Je was al blij als je te eten en te drinken had. Doorleren kon ook niet, er was geen cent. En studiebeurzen bestonden niet. Dat vond ik niet erg, ik hield niet van school. Liever was ik buiten, ik was een avonturier. Als ik terugdenk aan die tijd, denk ik: wat leven we nu toch in een weelde. Daar ben ik dankbaar voor.'

Vraagt u zich wel eens af hoe u zo oud heeft kunnen worden?

'Het zullen de genen zijn. Mijn overgrootvader is 103 geworden, een zus 97, mijn andere zus 94, een neef 101. Ik voel mij 80, geen 100. Ik kan niet zeggen: je moet zus of zo leven. Elke dag drink ik één borrel voor het eten, een jonge klare. Ik heb altijd veel gefietst en hard gewerkt. Eerst op het land, na de oorlog aan het herstel van Walcheren. Toen dat klaar was, ben ik in de haven van Rotterdam als lader en losser aan de slag gegaan, balen van 100 kilo kunstmest op mijn rug versjouwen. Ik heb altijd mijn mannetje kunnen staan. Op mijn 54ste werd ik afgekeurd en moest ik stoppen. Ik had zo'n pijn, mijn heupen bleken versleten. Daar ben ik aan geopereerd. Van hard werken ga je kennelijk niet dood.'

Hoe ouder een mens wordt, hoe meer familie en vrienden hij verliest. Heeft u leren omgaan met verlies?
'Ik praat er niet over. Al mijn vrienden zijn overleden, van mijn broers en zussen leeft alleen de jongste nog, een broer van 84. Mijn vrouw is dertien jaar geleden overleden. Er gaat geen dag voorbij of ik denk aan haar. Mijn moeder en mijn vrouw mis ik het meest van allemaal. Een moeder voelt toch anders dan een vader, meer als je eigen bloed. Ze was mijn alles. Ze is 88 jaar geworden. In haar laatste jaren alleen hielp ik haar elke ochtend uit bed, zette een kopje thee voor haar en daarna nam mijn zus het stokje over. Nu doet mijn dochter elke ochtend hetzelfde voor mij. 's Avonds komt ze ook, met mijn schoonzoon. In dit dorp zorgen de mensen goed voor elkaar.'

Kunt u de digitalisering een beetje bijbenen?
'Die vierkante dingen van jullie (tekent met twee vingers in de lucht de contouren van een smartphone en tablet), waar je ook mee kunt betalen, heb ik niet. Een computer heb ik ook nooit gehad. Ik weet niet hoe het allemaal werkt. Mijn hersenen kunnen het niet bolwerken. Dat vind ik moeilijk aan deze tijd, het gaat mij allemaal te snel.' Hij begint een liedje uit zijn jeugd te zingen, over de komst van de auto:

> *Vroeger ging alles even kalm en bedaard / Wagen en paard, matige vaart / Of in een trekschuit bij een pijpje tabak / Zat men op zijn gemak / 't Ging maar niet fijn / Zo aan de lijn / Kwam je heel netjes waar je moest zijn / Nu komt het leven als een stormwind geraasd / En heeft men altijd maar weer haast*

Hoe bent u tijdens de Watersnoodramp in 1953 in Zeeland aan de verdrinkingsdood ontsnapt?

'Eind 1952 hadden mijn vrouw Helena en ik na vijf jaar huwelijk en inwoning bij haar ouders genoeg gespaard om in ons dorp Stavenisse een eigen huisje op de begane grond te kunnen kopen. We hadden nog maar net meubeltjes gekocht en ons huis ingericht, toen we in de nacht van 1 februari wakker werden van sirenes en een donderend lawaai. Op straat riep iemand: "De dijk staat op doorbreken!"'

Piet Moerland kleedde zich snel aan en ging in de duisternis poolshoogte nemen bij de haven. Het geraas van de storm en het hoge water maakten dat hij spoorslags terugkeerde naar huis, de buren waarschuwde en zijn vrouw en 4-jarige dochter maande zich aan te kleden en het huis te verlaten.

'We stonden buiten voor ons huis toen de straten vol stroomden. Het water kwam tot mijn middel. Mijn vrouw had onze dochter op de arm, maar ze dreigde haar evenwicht te verliezen. Ik nam snel Adri van haar over en trok mijn vrouw overeind. Ik zag de deur van de overburen openstaan. We spoedden ons naar binnen en konden via de trap omhoog komen. Op de eerste verdieping was het droog en veilig. De volgende ochtend kwam een rubberen roeiboot voorbij. We knoopten lakens aan elkaar, hingen die uit het raam en lieten ons zo naar beneden zakken, onze dochter stevig vasthoudend, de boot in. Onze woning was verwoest. Al onze bezittingen waren we kwijt. Het enige wat we nog hadden, waren de kleren aan ons lijf. De buren die mijn waarschuwing hadden genegeerd en thuis waren gebleven, bleken verdronken.'

Was dit de moeilijkste periode in uw leven?

'O nee. Dat waren de crisisjaren. Mijn vader was werkloos, we leefden in bittere armoe. Ik herinner me dat ik als jongen van een jaar of 11, 12 één boterham kreeg voor de hele dag, tot het avondeten. Er was geen boter, geen beleg en niets te drinken. Op een dag zag ik onderweg naar school in een weiland paarden bij een drinkbak staan. Met mijn handen schepte ik water uit de bak en dronk het op. Een agent zag het en sloeg mij met een stok.' Hij kan er nu om lachen: 'Het is toch wat.'

Voelde u als kind hoe onrechtvaardig dat was? U had honger en dorst.
'Het maakte mij niet boos. Ik was jong en wist niet anders. Maar als ik 25 jaar was geweest, had ik die agent wel op zijn sodemieter gegeven. Iedereen in het dorp had een hekel aan hem, een heel vervelende man.'

Tegenwoordig houdt de politie zich met wel heel andere zaken bezig.
'Zoals drugs. Die had je vroeger niet. Ik begrijp niets van jongeren die zich daarmee inlaten. Ze maken zichzelf kapot.'

Hebben die jeugdjaren in armoede u gevormd?
'Op mijn 11de ging ik voor het eerst werken. Mijn vader was landarbeider en afhankelijk van de seizoenen. In de crisisjaren moesten wij kinderen ook naar het land om geld te verdienen. Op mijn knieën wiedde ik met een mesje onkruid tussen de zilveruitjes. Van 04.00 tot 09.00 uur in de ochtend, daarna snel schone kleren aan en naar school. Daar viel ik vaak in de schoolbank in slaap. Wat zullen mijn ouders het moeilijk hebben gehad. Op mijn 14de ben ik van school gegaan om fulltime te werken, bollen pellen bij de boer, voor 10 cent per uur. Mijn grote broer Danker regelde altijd alles: werk op het land, ons loon, dat we uitbetaald werden. Hij leerde mij sterk te zijn, voor mezelf op te komen en niet te zeuren. Dragen, niet klagen heb ik van die tijd geleerd.'

'Je mag je geluk niet bouwen op het ongeluk van een ander'

Yvonne Koster

GEBOREN: 29 oktober 1921 in Malang, Indonesië

Yvonne Koster woont in een aanleunwoning bij Nusantara, een zorginstelling voor ouderen uit voormalig Nederlands-Indië. De sprankelende 100-jarige vertelt geamuseerd over haar avonturen de afgelopen eeuw, en dat opvallend zorgvuldig articulerend, woord voor woord, zin voor zin. 'Alle Indische Nederlanders praten zoals ik,' vertelt ze, 'voor in de mond en op verschillende toonhoogten, niet als een monotone dreun, zoals veel Nederlanders doen.' Ze beseft alleen dat ze op leeftijd is als ze haar twee dochters ziet, met hun grijze haren.

Wat is uw dierbaarste jeugdherinnering?

'Dan denk ik aan het vrijstaande huis met de grote tuin, 7 kilometer buiten Malang, waar ik ben geboren en opgegroeid. Met de rozentuin en fruitbomen, vol avocado's, jackfruit en citroenen. We hadden kippen, eenden, veertien katten en zeven honden. Op een dag knipte ik een tak met een rups af, en zette die in een vaas met water op mijn kamer om de rups te zien verpoppen en er een vlinder uit te zien komen. Daar kon ik uren naar kijken. Het werd zo'n grote atlasvlinder. Ook zag ik eens in een sleutelgat een klein wit bolletje. Ik peuterde het eruit en legde het in een luciferdoosje.

Een paar dagen later zag ik een broodmagere, doorzichtige cicak (een muurhagedis, *red.*), je kon zijn ruggengraat zien. Ik voerde hem elke dag een halve mug, na een paar dagen kreeg de cicak kleur. Toen hij te groot was voor het doosje zei ik: nu moet je je eigen leven leiden. De volgende dag tikte ik op de tafel en ineens kroop de cicak uit de boekenkast. Ik voerde hem een dode vlieg, en zo ging dat nog een paar dagen door.'

'Ik was graag bioloog geworden, maar voor meisjes waren er twee mogelijkheden: verpleegkundige of onderwijzeres. Ik koos voor het tweede en haalde mijn akte.'

Wat ging er vooraf aan uw emigratie naar Nederland?

'Tijdens de Japanse bezetting werd ons gezin, mijn ouders en zes kinderen, met rust gelaten, omdat wij gemixt waren. Echte Nederlanders werden opgepakt. Mijn vader was Nederlander, mijn moeder had Indonesisch en Europees bloed. Maar we mochten van de Japanners niet werken, naar school of boodschappen doen. Gelukkig had mijn moeder een grote voorraad rijst en bonen, dat aten we elke dag, en fruit uit de tuin. Zodra de Japanners waren vertrokken, begonnen nationalisten in Indonesië een onafhankelijkheidsstrijd. In oktober 1945 kwamen Indonesiërs ons huis binnen en zeiden dat we 1 uur hadden om te vertrekken: "Daarna is dit huis niet meer van jullie."'

'Ze zeiden dat we *mata musuh* hadden: ogen van de vijand. We waren in paniek, pakten snel stevige kleding en schoenen en moesten 7 kilometer lopen naar een burgerkamp. Ons huis werd in brand gestoken. Van de ene op de andere dag waren we rechteloos. In juli 1946 werden we in een Australische Dakota naar Batavia (nu Jakarta, *red.*) gevlogen. Omdat we geen toekomst meer zagen in Nederlands-Indië, zijn we in 1950 per schip naar Nederland geëmigreerd. Daar vond ik een paar dagen later een baan als onderwijzeres op een basisschool in Amsterdam, en een kamer bij een hospita. Ik was niet gewend te koken, want in Indonesië deed de baboe alles. Mijn moeder legde aan de telefoon uit hoe je gehaktballen moest maken. Dus at ik elke dag gehaktballetjes.'

Hoe kijkt u nu aan tegen de onafhankelijkheidsstrijd van Indonesiërs?
'Nederlands-Indië voelde als mijn land, ik ben er geboren. Ineens waren we de vijand. Ik heb het boek *Revolusi* gelezen, over de onafhankelijkheidsstrijd, en ben nu bezig in deel 2 – een luisterboek, omdat ik slecht zie. De schrijver heeft veel oudere Indonesiërs gesproken. Uit hun verhalen blijkt dat de bevolking hunkerde naar onafhankelijkheid. Dat zag, hoorde en voelde ik destijds niet. Nu begrijp ik het beter.'

Wat hebben uw ouders u meegegeven?
'Mijn moeder zei: "Denk erom, als je een leuke man ziet, ga dan eerst na of hij verloofd of getrouwd is. Als dat zo is, ga er dan met een grote boog omheen, want je kunt niet je geluk bouwen op het ongeluk van een ander." Dit advies heb ik onthouden, toegepast, en aan mijn eigen dochters meegegeven. Mijn jongste dochter vloog een keer van Griekenland naar Amsterdam, toen ze werd gewenkt door de gezagvoerder. De vlammen sloegen toe, hij was een adonis. Ze keek naar zijn hand en zag een trouwring aan zijn ringvinger, dus schudde nee. Daarop werd ze verwend door de stewardessen, die vonden het gewéldig dat mijn dochter hem had afgewezen. Ook gaf mijn moeder mij mee dat het belangrijk is voor een vrouw om door te leren en betaald werk te doen, zodat je onafhankelijk bent.'

Heeft u dat advies ook opgevolgd?
'Ik heb tot mijn pensioen fulltime gewerkt, wel met vijf jaar onderbreking, toen mijn kinderen nog klein waren. Zodra de jongste naar school ging, vroeg het schoolhoofd of ik een zieke leerkracht wilde vervangen. Ik vond het heerlijk om weer voor de

klas te staan. Al spoedig kreeg ik een vaste baan. Ik zei tegen de kinderen dat ze niet tegen papa mochten zeggen dat ik werkte, want dat wilde hij niet. Veel mensen dachten in die tijd dat een man een schlemiel was als zijn vrouw werkte, alsof hij niet genoeg verdiende. In de ochtend ging ik samen met de kinderen naar school, en in de middag weer naar huis. Na een maand vroeg ik Frans: "Merk je iets?" Hem was niets opgevallen. De was was gedaan en het eten stond elke dag op tijd klaar. Ik vertelde van mijn baan en zei: "Met een dubbel salaris kunnen we de wereld rond."'

Wat voor onderwijzeres was u?

'Lesgeven was mijn lust en mijn leven. Ik vond het belangrijk dat kinderen mij konden vertrouwen. Als een kind zich opvallend gedraagt, is er meestal thuis iets aan de hand. Ik herinner mij een meisje dat na de scheiding van haar ouders bij haar opa en oma was gedropt. Na het einde van een schooldag was ze aan het dralen. Ik vroeg wat er aan de hand was. En toen flapte ze eruit: "Trouwt u toch met mijn vader, dan wordt u mijn moeder."'

'Een collega zei over een jongen die bij mij in de vierde klas kwam: "Een verschrikkelijke kerel, maak je borst maar nat." Ik liet hem vooraan zitten. Zijn werk was abominabel, slordig en vol fouten. Ik zei: "Als je een klein beetje beter werkt, maak je mij blij." Daarna ging hij zijn best doen en maakte nog maar weinig fouten. Ik zei: "Ik ben zo blij, ik ga net zoveel van je houden als van mijn eigen kinderen." Waarop hij antwoordde: "Hou veel van mij, hou veel van mij." Later die dag vroeg ik het schoolhoofd wat er met deze jongen aan de hand was. Die vertelde dat zijn moeder kort na zijn geboorte het gezin had verlaten, omdat haar man in het ziekenhuis met een verpleegkundige had geflirt. Deze jongen had dus nooit moederliefde gehad.'

Er is nu een tekort aan onderwijzers, hoe kijkt u daartegenaan?

'Een oorzaak is dat veel vrouwen in deeltijd werken. Dit is een vak dat je fulltime moet uitoefenen. Voor kinderen is het beter als er één leerkracht voor de klas staat. Alleen zo kun je ze goed leren kennen en een vertrouwensband creëren. De grote bemoeienissen van ouders met de leerkrachten tegenwoordig speelt ook mee. Die ontnemen je het plezier in je werk. Als een kind niet naar het vwo kan, geven ze de leerkracht de schuld.'

Wie was uw grote liefde?

'Frans. Hij was 9 jaar jonger en zat in Nederlands-Indië bij een van mijn twee broers op school. Op zijn 15de, vertelde hij later, had hij al een oogje op mij en wist: zij wordt later mijn vrouw. Als je 24 bent, heb je geen interesse in een jochie van 15. Vele jaren later kwam hij naar Nederland om mij op te zoeken en zag ik een struise, knappe man voor mij staan. Hij bleek marinier. Ik werd verliefd en in 1961 zijn we getrouwd. Datzelfde jaar werd mijn oudste dochter geboren, ik was 40, en 13 maanden later kwam mijn jongste.'

'Omdat zijn ouders in Nederlands-Indië ook al hun eigendommen was ontnomen, wilde hij zo weinig mogelijk bezitten. We hebben nooit een huis gekocht en hechtten niet aan dure vloerbedekking en horloges. Het enige wat hij heerlijk vond was de wereld rondreizen, en dat hebben we veel gedaan. In 1993 zouden we naar Alaska gaan. Enkele dagen voor vertrek dacht ik op een ochtend: wat blijft Frans toch lang in bed liggen. Ik ging kijken en zag dat hij niet meer ademde. Zijn wens eerder te sterven dan ik, was in vervulling gegaan.'

Heeft u een idee hoe u zo oud heeft kunnen worden?

'100 jaar klinkt helemaal niet oud, een eeuw wel. Alleen als ik mijn kinderen zie, met hun grijze haren, besef ik op leeftijd te zijn. Ik ben gezond en geestelijk vitaal. Al sinds mijn jeugd eet ik elke ochtend havermout met een lepeltje rietsuiker, tegenwoordig warm ik het op in de magnetron. Elke dag doe ik gymoefeningen, tijdens het lezen gebruik ik vaak de stoelfiets. Ze zeggen dat ik lenig ben, dansen gaat ook nog. Wel maakt deze leeftijd mij een beetje lui. Als het slecht weer is, blijf ik wat langer in mijn bedje liggen. Mijn dochters doen de boodschappen en regelen mijn betalingen. Als je 100 bent is het antwoord op elk verzoek: "Ja hoor."'

‘Bij de eerste televisies hoefde er maar een brommer langs te rijden of er was een storing’

Nic Snaas

GEBOREN: 25 april 1922 in Schagen

Nic Snaas is geboren en getogen in Schagen, waar hij in een seniorenwoning woont. De 100-jarige is onder de indruk van de wonderen van de technologische vooruitgang, en heeft een opgeruimd karakter. Zo zegt hij ‘niks’ overgehouden te hebben aan het beruchte kamp Amersfoort, waar hij in 1944 een halfjaar gevangen zat en moest toezien hoe medegevangenen werden afgeranseld.

Het was een gepuzzel om een afspraak met u te maken.
‘Elke dag is er wel wat. Maandag komt de hulp en dan drinken we koffie, in de middag ga ik naar Slender You. Daar ga ik op een bewegende bank liggen, dat is goed voor mijn spieren en doorbloeding. Mijn rug plaagt mij, ik heb morfinepleisters tegen de pijn. Dinsdag heb ik bejaardengym, ga ik voor een praatje naar de koffiekamer in dit wooncomplex, en in de avond eet ik bij een van mijn twee zoons die in ook in Schagen wonen, en spelen we een paar potjes rummikub. Woensdag en vrijdag ga ik met twee vrienden biljarten. Donderdag heb ik jeu de boules en die avond eet ik bij mijn andere zoon, ook daar spelen we rummikub.’

Is uw versleten rug het gevolg van het werk dat u heeft gedaan?
'Ik heb een radio- en televisiezaak gehad. De toestellen bezorgde ik aan huis. De eerste tv's waren zware bakbeesten, omdat er een dikke bult achter zat voor de beeldbuis.' (Hij spreidt zijn armen wijd uit.) 'En je had in die tijd nog geen kabeltelevisie, dus klom ik bij elke klant het dak op om de antenne te plaatsen. Ik heb wel honderden antennes bevestigd in Schagen en omgeving. Later kwamen de wasautomaten, die versjouwden we met zijn tweeën, en dan was het nog een zware klus.'

Wat herinnert u zich van die eerste jaren van de televisie?
'De komst van de tv in de jaren vijftig deed mijn zaak goed. Op mijn auto had ik een uitschuifbare mast van wel vier meter gebouwd. Daarmee reed ik langs de boeren in en om Schagen om hen te laten zien wat een televisie is, natuurlijk in de hoop dat ze er een zouden kopen. Dat lukte niet altijd, want de eerste tv's waren erg duur, wel 1000 gulden (een paar maandsalarissen, *red.*). Elke dinsdag en vrijdag ging ik in mijn auto met antenne op pad, want alleen die twee avonden was er de eerste jaren televisie, van 20.00 tot 22.00 uur. Als ik kwam demonstreren hoe een televisie werkt, liep de hele buurt uit en keek met open mond naar de beelden.'
'Ik had veel werk aan reparaties, want de toestellen gingen vaak kapot. Ook waren er geregeld storingen. Als er een brommer langsreed of een westenwind stond, verscheen sneeuw in beeld. Al die problemen zijn overwonnen. De techniek is enorm verbeterd. Zo zitten er geen lampen meer in een tv-toestel, daarom zijn ze nu zo dun.'
Hij wijst naar zijn platte grootbeeldscherm. 'Het is geweldig dat daar beeld op verschijnt. Hoe dat mogelijk is, gaat mijn pet te boven. Daar moet ik mij nog eens in verdiepen.'
Nic Snaas pakt zijn smartphone. 'Ook zo'n prachtig ding. Ik ben het nog niet helemaal de baas.' Hij tikt de toegangscode in en

poogt geduldig drukkend en swipend in zijn foto-archief te komen. Zodra het gelukt is, verschijnt een vertederend filmpje van hem en zijn vrouw Anne, ruim 1,5 jaar geleden. Zij is dan al ernstig ziek en zal niet lang meer leven. Terwijl ze in een stoel zit, opgemaakt en mooi gekapt, geeft hij haar hapjes eten. 'Ze was een ijdele vrouw. Tot ze in januari 2021 stierf, reed ik haar elke week met de auto naar de kapper. Na haar overlijden ben ik gestopt met autorijden.'
Een paar dagen voor het interview was de geboortedag van Anne en bezocht hij met een zoon haar graf. Vol verwondering zag hij hoe zijn zoon zijn smartphone bij het graf zette en uit het apparaat ineens het lievelingslied van Anne klonk, *Blackbird*, gezongen door Gé Titulaer. Hoe dat nou weer mogelijk is... Nic Snaas begint te zingen: 'Blááááck bird, fly, blááááck bird, fly.'

Zou u in deze tijd jong willen zijn?
'Dat lijkt mij niet eenvoudig, er worden tegenwoordig zoveel eisen gesteld. Wel kan ik soms een beetje jaloers zijn op hoe jongeren nu leven. Ze hebben allemaal een auto en weten dingen die ik moeilijk kan bevatten, die ik niet kan bijhouden, zoals hoe al die apparaten werken. Mijn televisie heb ik voor 150 euro van een kleinzoon overgenomen. De beeldkwaliteit is erg goed. Ik vroeg hem: "Waarom verkoop je zo'n mooi ding?" Hij antwoordde dat hij een nog grotere wilde kopen, met meer technische opties. Jongeren geven makkelijk hun geld uit. Ik ben zuinig van aard, altijd geweest en gebleven.'

U heeft tijdens de Tweede Wereldoorlog vastgezeten in het concentratiekamp in Amersfoort, met de beruchte kampbeul Joseph Kotälla. Hoe bent u daar terechtgekomen?
'Het was november 1943 toen ik ondergedoken zat op een boerderij in de Peel, om te ontkomen aan de Arbeitseinsatz. Ik besloot naar Schagen te fietsen omdat mijn moeder 9 november jarig

was. Het bleek te gevaarlijk om weer terug te keren naar Brabant, dus bleef ik bij mijn ouders. Iemand moet mij verraden hebben, want op een dag kwamen twee Duitse soldaten mij thuis ophalen. Eerst werd ik naar een gevangenis in Amsterdam overgebracht, in juni 1944 kwam ik in Kamp Amersfoort terecht. Ik wist niet eens dat het bestond. We moesten arbeid verrichten, zoals geulen graven en huizen opknappen die de Duitsers in beslag genomen hadden. We kregen weinig te eten.'

'In dat kamp was een beruchte boef, Joseph Kotälla. Hij liep met zijn hond over het kamp en als je niet uitkeek, kreeg je een schop. Als er iets was gebeurd wat hem niet aanstond, moest je met 5000 man een hele dag in het gelid staan. Ik was sterk en hield het vol, maar sommigen vielen om. Als strafmaatregel liet hij ook geregeld een gevangene naar de rozentuin brengen, waar hij de man aftuigde in het aangezicht van andere gevangenen.'

Werd u ook gedwongen toe te kijken?

'Ja, het is niet te beschrijven wat daar gebeurde.'

Hij staat op, loopt weg en komt terug met een zware map vol documenten uit die tijd. Er is een foto van een knappe, olijk lachende jonge man met een grote bos donker haar. En op de volgende pagina een pasfoto van dezelfde Nic Snaas, kort nadat hij was bevrijd uit Kamp Amersfoort. Met een kaalgeschoren hoofd, strak gezicht en woedende blik in zijn ogen.

'Ik ben op een geheimzinnige manier uit Kamp Amersfoort weggekomen. Op een avond in oktober, het was donker, werd ik met nog vijf man opgeroepen: kleren aan en mee. We wisten niet wat er stond te gebeuren, werden in een vrachtauto gezet en naar Den Haag gebracht, naar een militair hospitaal van het Rode Kruis. We zagen er niet uit, waren sterk vermagerd. Op de vijfde of zesde dag kregen we na een goede maaltijd te horen: zorg maar dat je thuiskomt. Er waren honderden mannen in

Kamp Amersfoort, ook gearresteerd omdat ze waren ondergedoken om aan dwangarbeid in Duitsland te ontkomen. Waarom uitgerekend wij werden bevrijd? Ik weet het antwoord nog steeds niet.'

Nic Snaas laat een grote ingelijste foto zien van een idool, die in zijn huiskamer staat tentoongesteld: Loes van Overeem, die het als medewerker van het Rode Kruis voor elkaar kreeg de beroerde omstandigheden in Kamp Amersfoort te verbeteren. Zo regelde ze dat de gevangenen beter te eten kregen en wist ze sommige het kamp uit te krijgen. Wie weet heeft hij zijn vrijheid ook aan haar te danken.

De 100-jarige herinnert zich dat hij met medegevangenen in een lange rij het kamp uit liep, begeleid door kampbewaarders, op weg naar de arbeid die ze moesten verrichten. 'Langs dit laantje stonden vaak burgers eten uit te delen. De bewaarders verboden ons het aan te nemen. Maar daar was Loes van Overeem, die tegen kampcommandant Berg zei: "Ze krijgen al zo weinig." Berg had ontzag voor haar, en voortaan mochten we wel voedsel aannemen. Loes van Overeem stond altijd kaarsrecht en durfde haar mond te roeren, angst leek ze niet te kennen.'

Heeft u iets overgehouden aan deze periode?

'Nee, niks. Ik heb een nare oorlog gehad, maar ik kan wel tegen een stootje. Na de bevrijding dacht ik: dit ligt achter mij, ik ga aan de slag, er is werk aan de winkel. Ik kon een baan krijgen bij radiozaak Ruder in Alkmaar. In een gracht lag een schip vol kapotte radio's, die tijdens de oorlog waren verstopt. Voor de Duitse bezetting had ik al geleerd radio's te repareren. Dus er was voor mij meteen werk genoeg.'

Had u na mei 1945 de hoop en verwachting dat er nooit meer zo'n gruwelijke oorlog zou komen?

'Er wordt al eeuwen oorlog gevoerd. Het is een kwestie van machtswellust. Ik leefde in de tijd van Hitler en nog zo'n hufter, Stalin. Nu heb je Poetin. Vreselijk dat zulke mensen bestaan. Ik zeg: mensen, wees goed voor je volk, voer geen oorlog, doe ze al die ellende niet aan.'

‘Het valt toch best mee hoe oud ik eruit zie?’

Julia van der Kaaij

GEBOREN: 27 juni 1922 in Den Haag

Julia van der Kaaij is net uit bed geholpen en heeft nog niet ontbeten als we om 11 uur in de ochtend hebben afgesproken. Het verpleeghuis waar zij sinds 1,5 jaar woont, kampt met personeelstekort. Haar dochter zorgt ervoor dat ze even later tiptop ten tonele verschijnt en alsnog haar ontbijt krijgt geserveerd. Ze kent haar moeder haar hele leven als een chique dame, die geen dag zonder make-up de deur uitgaat.

Hoe zou u uzelf typeren?

‘Ik kijk graag de kat uit de boom. Als het goed voelt, ga ik er helemaal voor en wil ik graag iets voor de ander doen. Ik hield van feestjes en artiesten imiteren, zoals Tina Turner, en was altijd de laatste gast die vertrok.’

Mist u die tijd?

‘Nee, dat is voorbij. Wel mis ik te kunnen doen waar ik zin in heb. Tot mijn 90ste heb ik auto gereden en ging ik er vaak op uit, ook in mijn eentje. Iets gebruiken bij Van der Valk. Ik genoot van de vrijheid van het autorijden.’

In wat voor gezin bent u opgegroeid?

'In een goed, warm gezin. Ik had twee oudere broers, Johan en Jacob. We hadden het vrij goed, zeker voor die tijd, waarin veel mensen het niet zo breed hadden. We woonden in een herenhuis in Den Haag, hadden een auto en aten elke dag vlees, zoals rosbief en rollade, en op zondag was er altijd taart met slagroom. Ik kon krijgen wat ik wilde: poppen, een poppenwagen, boeken, een fiets, nieuwe kleren, álles. Voor mij was dat allemaal heel normaal, maar nu zou je zeggen dat ik verwend werd. Aan de armoedige kleding van de kinderen op school zag ik dat zij het niet zo goed hadden thuis. Ik herinner mij nog dat ik op schoolreisje ging met de bus. Mijn vader reed langs met de auto en zwaaide. De andere kinderen in de bus keken met grote ogen uit het raam: een auto!'

Hoe kwam het dat jullie het zo uitzonderlijk goed hadden?

'Mijn vader was meubelmaker en had een eigen bedrijf, met zo'n twintig mensen in dienst. Hij deed goede zaken. Hij had ook verstand van antiek, daar handelde hij in.'

Bleven de zaken ook floreren tijdens de crisis in de jaren dertig?

'Nee, een paar jaar voor de oorlog is de meubelzaak failliet gegaan. Dat trok mijn vader zich vreselijk aan. De mensen kochten geen meubels meer en rekeningen die nog openstonden, werden niet betaald. Al toen de zaken slechter gingen, zei mijn moeder: "Je hebt dure krachten in dienst, gooi er een paar uit." Maar dat kon mijn vader niet over zijn hart verkrijgen. Na zijn faillissement verhuisden we naar een kleinere woning en werd de auto verkocht. Ik heb het niet zo gemerkt dat ons leven minder luxe werd, we aten nog steeds elke dag vlees. Na het faillissement is mijn moeder een wasserette aan huis begonnen. Ze was altijd een statige vrouw, die heel mooi gekleed ging. In de wasserette kon dat niet.'

Van wie heeft u het meest geleerd?

'Mijn vader zei altijd: "Onderzoek alles en behoud het goede." Hij was de baas in huis, zo mocht ik geen korte sokjes dragen en mijn haar kort laten knippen. Die sokjes deed ik toch aan, als ik mijn vader zag, deed ik ze snel uit. Op een dag liet mijn moeder een kapper aan huis komen en mocht ik een pony laten knippen, en een stuk van mijn lange haar. Toen mijn vader eraan kwam, hield ze hem buiten de deur totdat de kapper klaar was. Van mijn moeder heb ik het meest geleerd, eigenlijk alles: mij netjes te gedragen, te kleden en ook koken. Ze had een koksopleiding gevolgd en kon koken als de beste: wildgerechten, zoals hazenpeper, de fijne keuken met hapjes, pudding met bessensaus, en ook Indisch. Ze kookte voor rijke gezinnen, en voor barones Van Egeren. Soms mocht ik mee naar de villa van de barones in het bos in Den Haag. Dan zat ik netjes op een stoel, mijn benen stijf tegen elkaar.'

Welke gebeurtenis in de Tweede Wereldoorlog heeft blijvende indruk op u gemaakt?

'Met mijn twee schoonzussen ging ik op een avond in de Hongerwinter in het donker naar het Haagse Bos om een boom te halen voor de stook. Dat was verboden. We duwden een kinderwagen met ons mee, waarin een grote zaag was verstopt. We hadden net een boom omgezaagd, toen ik ineens vlakbij een jongen zag vallen. Hij was neergeschoten. Ik begon hard te gillen. Ik was ook geraakt, in mijn knie. Het bloed spoot als een fontein door mijn lange jas heen. We probeerden, terwijl ik in de kinderwagen zat, met hier en daar aanbellen een dokter te vinden. Dat lukte niet, waardeloos. Uiteindelijk ben ik in een ambulancewagen naar ziekenhuis Zuidwal gebracht. In die buurt was net een bombardement geweest, ik zag overal op straat en in het ziekenhuis gewonden liggen. Ik kon snel geopereerd worden. Eerst dachten ze dat mijn been eraf moest, maar gelukkig bleek dat mee te vallen. De kogel werd eruit gehaald. Die heb ik een tijdje bewaard in mijn tasje en later aan de vader gegeven van de jongen die ook was beschoten.'

Heeft u nog last gehouden van die gewonde knie?

'Ik kon nooit meer rennen en op mijn hurken zitten. Op mijn bruiloft lukte het niet te knielen. Ik deed mijn best deze beperking te camoufleren en vroeg altijd: "Kun je zien dat ik iets aan mijn knie heb?" Dat wilde ik niet. Ik ben een beetje ijdel.'

Wie is uw grote liefde?

(Zonder aarzeling:) 'Met wie ik verloofd ben geweest, Wim.'

Haar dochter, die bij het interview aanwezig is, schrikt op: 'Wát? En pappa dan?'

De 100-jarige vertelt onverstoorbaar verder: 'Wim was een vriend van mijn broer, een bink om te zien: groot en sterk. Het is heel erg misgegaan. Hij overvleugelde mij. Ik keek te veel tegen hem op en werd wat onderdanig, terwijl ik dat van nature helemaal niet ben. Ik leerde ervan dat de buitenkant helemaal niks zegt. Toen ik de verloving verbrak, bleef Wim maar huilen. Op een gegeven moment kwam mijn moeder erbij en zei tegen hem: "Zou je niet eens naar huis gaan?"'

'Na de bevrijding ben ik tijdens de straatfeesten versierd door Piet. Met hem ben ik getrouwd. Hij was een makkelijke jongen in de omgang, hield van gekkigheid en van watersport. Hij was timmerman, uit een boom van mijn vader maakte hij een boot waarmee we elk weekend gingen varen.'

Wat is het beste besluit dat u ooit heeft genomen?

'De relatie met Wim beëindigen. En ook het contact met mijn jongste broer Jacob verbreken. Ik heb halverwege de jaren zestig afstand van hem genomen en hem daarna nooit meer gezien.'

Waarom verbrak u het contact met uw broer?

'Daar had hij het zelf naar gemaakt. Hij heeft mijn man heel slecht behandeld, zijn gedrag was schadelijk voor mijn gezin. Nadat Piet was hersteld van een maagoperatie, bood mijn jongste broer hem een baan aan in zijn verwarmingsbedrijf. Dat aanbod nam Piet aan. Maar Jacob vernederde hem keer op keer, hij heeft hem gek geouwehoerd, mijn man werd er psychisch ziek van. Piet kon daardoor niet meer werken en heeft twee jaar thuis gezeten. Omdat zijn ziekte schadelijk kon zijn voor mijn dochter, bracht ik haar een tijdje onder bij mijn familie.'

Haar dochter, ook met de naam Julia, krijgt het bij die laatste zin te kwaad. Ze vertelt over een lange reeks vernederingen, tot een poging tot vergiftiging van haar vader met rattengif aan toe. 'Hij overleefde omdat hij bijna geen maag meer had.' Over haar moeder zegt ze: 'Ik bewonder haar zo. Ze is gaan werken en heeft mijn vader erbovenop geholpen. Intussen zorgde ze ervoor dat het thuis gezellig was en er veel mensen over de vloer kwamen. Tot op de dag van vandaag is ze altijd positief gebleven. Zó'n sterke vrouw.'

De 100-jarige Julia luistert geduldig terwijl haar dochter de beerput opent en haar moeder bejubelt. En zegt zodra er een stilte valt: 'Het is een vreselijke tijd voor haar geweest.'

U werd dus kostwinner, wat bent u gaan doen?

'Ik was 44 jaar en ging zes dagen in de week werken voor het cosmeticamerk Orlane. Daarvoor moest ik een opleiding volgen, om alle ingrediënten van de crèmes en parfums te leren, inclusief de Latijnse namen. Bij grote warenhuizen, zoals de Bijenkorf, adviseerde ik klanten over deze producten, natuurlijk om ze te verkopen, zoals B12-crèmes van wel 400 gulden per potje. Heerlijk werk was het, ik werd omringd door allemaal leuke jonge collega's. Mijn man kon na twee jaar ziekte weer aan de slag bij een ander verwarmingsbedrijf en ik ben tot mijn 64ste blijven werken in de cosmetica.'

Hoe is het voor u, die zichzelf 'een beetje ijdel' noemt, om ouder te worden?
'O, helemaal niet erg. Het valt toch best mee hoe oud ik eruit zie? Ook als je oud bent, kun je er verzorgd uitzien. Ik ben nog steeds ijdel en maak mij nog elke dag op – of tegenwoordig laat ik het doen, want ik heb last van artrose.'

Wat vindt u van cosmetische ingrepen om er jonger uit te zien?
'Waardeloos, zo onecht. Dat is toch helemaal niet nodig?'

Als u terugkijkt op de afgelopen 100 jaar, is er dan iets wat u liever anders had willen doen?
'Het is goed zoals het is gegaan. Je weet nooit hoe het leven loopt. Er gebeuren altijd onverwachte dingen. Ik heb altijd gedaan wat mij op dat moment het beste leek.'

‘Mensen gaan nu te snel uit elkaar als het even moeilijk is. Dan komt het er juist op aan’

Sjaak Hunnekens

GEBOREN: 12 augustus 1921 in Beringe

Sjaak Hunnekens heeft vier generaties voortgebracht, zijn eerste achterachterkleinkind is 1,5 jaar jong. Op één na, wonen al zijn 38 nazaten in Limburg, binnen een straal van 15 kilometer van de 100-jarige pater familias. Hij woont nog zelfstandig en doet zijn kleine boodschappen zelf, een jaar geleden nog met de auto, tegenwoordig op de scootmobiel. Voordat Hunnekens van wal steekt, legt hij eerst zijn spelregels van het interview uit: ‘Ik wou het zo doen: ik begin met een inleiding, daarna mag je mij vragen stellen. Als ik geen antwoord wil geven, zwijg ik.’

Prima, ik luister naar uw inleiding.
‘Ik heet Sjaak Hunnekens en ik ben op 12 augustus 1921 geboren in Beringe. De rest is aan u.’

Is het nu al tijd voor de eerste vraag?
‘Ja, kom maar op.’

Waar beleeft u nog plezier aan?
‘Aan van alles: tuinieren, de computer, de tv. Ik zit niet meer zoals vroeger elke dag op mijn laptop om mails aan mijn kinderen te

schrijven en recepten op te zoeken, maar nog wel af en toe. Ik kijk graag op tv naar sportwedstrijden: Formule 1 met Max Verstappen, die komt hier uit de buurt. En ik houd van voetbal, ook vrouwenvoetbal. Ik heb elke wedstrijd van het Europees Kampioenschap 2022 bekeken. Mijn favoriete speelster is Lieke Martens, die komt ook uit deze streek. Haar ouders kwamen in de supermarkt in Bergen, waar ik heb gewerkt.'

Wat vindt u van het Nederlands vrouwenelftal?
'Het niveau is hoog. Ik kijk sowieso met veel plezier naar vrouwenvoetbal. Mannen kunnen er een puntje aan zuigen. Mannen spelen feller, maar mogen een voorbeeld nemen aan de mentaliteit van vrouwen. Als er een op haar donder krijgt op het veld en valt, staat ze meteen op, strijkt even met haar hand langs haar dij en speelt weer verder. Een man maakt in zo'n situatie een hoop drama en dan moet er vaak een brancard aan te pas komen. Vrouwen incasseren makkelijker.'

Bent u ook iemand die liever incasseert dan drama maakt?
'Ik ben van doorgaan en niet achterom kijken, dat heeft toch geen zin. Wat geweest is, is geweest.'

Werkt dat ook bij dierbaren verliezen, zoals uw vrouw en twee zoons?
'Nee, dat denk ik niet.'

Hoe heeft u uw dagelijks leven de afgelopen eeuw zien veranderen?
'Van armoede naar overvloed. Die overvloed van tegenwoordig wordt niet gewaardeerd. Mensen vinden het normaal dat je de was in een machine stopt, zeep erbij, knop indrukken, even later eruithalen en klaar. Mijn moeder was dagelijks uren bezig om alles met de hand te wassen, voor een gezin van elf.'

Kunt u de armoede in uw jonge jaren beschrijven?

'Er was niets, helemaal niets. We werkten om te eten. Kleding kregen we van neven en nichten en die ging in ons gezin van de een naar de ander. Als een kledingstuk kapot of versleten was, verstelde mijn moeder het. We waren met negen kinderen thuis, ik was de oudste, en had vier broers en vier zussen.'

'We hadden een kleine boerderij met een koe, een paar varkens, kippen en we verbouwden rogge, haver, gerst, aardappelen en groenten als bieten, spruitjes en boerenkool. Dat was genoeg om met zijn elven van te eten, niet genoeg om nog iets te kunnen verkopen. Omdat we zuinig moesten zijn met ons voedsel, deelden we eerlijk wat we hadden. Iedereen kreeg een half ei. Gelukkig woonden we vlak bij een bos. Als het stookhout op was, hakten we een boom om.'

'Het houtgestookte fornuis diende ook als kachel voor ons huis. Eén keer in de week werden we gewassen in een ijzeren teil: dan stonden we met zijn allen in een rij, een voor een mochten we even in het water en klaar. We gingen allemaal in hetzelfde badwater. We wisten niet beter en overal was het hetzelfde, behalve bij de grote boeren.'

Kon u doorleren?

'Nee, later heb ik wel de algemene kennis die je op een middelbare school opdoet, gemist. Een buitenlandse taal heb ik nooit geleerd. Er moest gewerkt worden want er was armoede. Als kind hielp ik mee op de boerderij. Na de lagere school moest ik aan het werk als knecht op een ander boerenbedrijf. Ik woonde intern bij de boer, dat was thuis weer een mond minder om te voeden. Op zondag was ik vrij en mocht ik naar huis. Dan gingen we met zijn allen naar de katholieke kerk.'

'Ik verdiende 70 gulden in een heel jaar. Dat moest ik afstaan aan mijn ouders, want het geld was hard nodig. Op zondag kreeg ik een paar cent, als ik 25 cent had gespaard, kocht ik daar stiekem sigaretten van, een pakje Dushkind. Van mijn eerste sigaret werd ik flink misselijk, maar ik ben toch doorgegaan. Ik heb gerookt van mijn 13de tot mijn 97ste, elke dag. Alleen tijdens vastentijd rookte ik niet, veertig dagen lang. Dan was ik blij als de paasklokken luidden, kon ik er weer eentje opsteken.'

Waarom bent u drie jaar geleden alsnog gestopt met roken?
(Hij wijst naar een paar zwarte vlekken op de houten vloer naast zijn brede stoel.) 'Tijdens het roken was ik in slaap gevallen, de sigaret viel naast mij op de grond. Ik werd wakker van de rook die van de vloer opsteeg, er was gelukkig nog geen vuur. Stel je voor wat er was gebeurd als ik was blijven slapen. Met mijn voet trapte ik op de rokende plekken en zei tegen mezelf: nondeju, en nu is het afgelopen. Ik heb nooit meer één sigaret aangeraakt en heb het geen moment gemist.'

Van alle 100-plussers in Nederland is maar 20 procent man, dat is waarschijnlijk een gevolg van de rookepidemie onder mannen van uw generatie, denken onderzoekers.
'Ook al heb ik 84 jaar lang elke dag gerookt, mij mankeert niets. Ik slik maar één tabletje. Alleen het lopen begint wat moeilijk te worden, daarom heb ik een scootmobiel. Een jaar geleden reed ik nog auto. Op mijn 100ste verjaardag ben ik naar de feestlocatie gereden. Na afloop vond ik dat ik ermee moest ophouden. Als er iets misgaat, zit mijn familie ermee. Dus toen heb ik een scootmobiel aangeschaft, dat zijn nu mijn beste benen.'

Bent u altijd boer gebleven?
'Nee. Na een paar jaar als knecht op de boerderij moest ik er niks meer van hebben, ik wilde wel eens iets anders. Ik zag een advertentie van de Coop, een kruidenierswinkel. Ze vroegen een bezorger. Dat verdiende beter dan het werk op de boerderij. Ik solliciteerde en werd aangenomen. Als een klant in de winkel had

aangewezen welke waren hij wilde kopen, bezorgde ik de boodschappen aan huis, met een paard en een kar.'
'Dat was voor de oorlog. Tijdens de oorlog zat ik met vijf jongens ondergedoken op een boerderij, dus werd ik weer boerenknecht. Vanuit het zolderraam kon ik mannen loopgraven zien graven, dwangarbeid die ik anders ook had moeten doen. Na de bevrijding kon ik weer bij de Coop terecht, en klom op tot bedrijfsleider. Maar mijn inkomen was niet genoeg om van rond te komen, met een gezin met zes kinderen. Daarom hield ik bij ons huis varkens, zestig in totaal, voor de verkoop. Ook verbouwde ik groenten en fruit voor mijn gezin.'

U was van jongs af aan een werkpaard, zo te horen.
'Het was hard werken, zes dagen in de week van 's ochtends vroeg tot 's avonds laat, net als mijn vader. Het was nu eenmaal zo. Ik heb het altijd met plezier gedaan. Op mijn 57ste ben ik met vervroegd pensioen gegaan voor mijn vrouw To. Ze had een zwakke gezondheid. Ze was vaak erg moe en had last van open benen. Die moesten elke dag verbonden worden.'
'Het heeft jaren geduurd voordat artsen ontdekten dat ze hartproblemen had. Na de operatie besloot ik te stoppen met werken om voor To te zorgen. Je bent er voor elkaar, in voor- en tegenspoed. Dat zie je tegenwoordig steeds minder. Mensen gaan te snel uit elkaar als het even moeilijk is. Dat begrijp ik niet, want dan komt het er juist op aan. To is 22 jaar geleden overleden, 78 jaar oud.'

En toen was u ineens alleen.
'Daar kon ik niet goed tegen, daarom nam ik een hondje en noemde hem Bonnie. Op een avond gingen we wandelen. Bonnie wilde per se naar de buurvrouw twee huizen verderop, ik kon hem niet tegenhouden. Daar aangekomen, bleken er binnen inbrekers bezig te zijn. Ik heb meteen de politie gebeld en de buur-

vrouw daarna geholpen met de zaak verder af te wikkelen. Zo heb ik Nellie leren kennen. We kregen een relatie en zijn nog 7,5 jaar samen geweest en hebben veel leuke uitstapjes gemaakt, en vakanties gevierd, tot zij dertien jaar geleden ook overleed.'

Is er iets waarover u tijdens uw leven van mening bent veranderd?

(Resoluut:) 'De kerk. Die heeft mij van alles wijsgemaakt. Het geloof was er om mensen in toom te houden, maar dat is helemaal niet nodig. Ieder mag zijn eigen leven leiden. Ik volg nog wel elke zondag de mis, via de kerk-tv. Meer wil ik er niet over kwijt. Dat zijn mijn eigen gedachten, die houd ik voor mezelf.'

‘Met een eigen zaak kon je als vrouw wel betaald werk doen’

Riet van Pelt

GEBOREN: 22 mei 1921 in Oosterhout

Riet van Pelt zit er statig bij, in haar royale, brandschone driekamerappartement in Dongen. Met gestrekte rug, de handen plat op tafel en een oplettende blik, duidelijk een vrouw die zich niet zomaar iets op de mouw laat spelden. Voor haar generatie was de Brabantse haar tijd vooruit, want ze heeft altijd fulltime gewerkt en combineerde dat moeiteloos met een gezin met vier kinderen. Het woord ‘moe’ komt in haar vocabulaire niet voor. Aanpakken en doorzetten als het even tegenzit, is haar credo.

Hoe gaat het met u?

‘Voor iemand van mijn leeftijd kan ik zeggen: goed. Ik woon zelfstandig, heb geen dieet en als het even kan, drink ik één keer in de week een borrel, of een glaasje port met mijn buurvrouw. Je moet er iets van maken. Mijn vier kinderen hebben het zo geregeld dat elke dag een van hen langskomt. In dit complex wonen allemaal eenlingen, veel ouderen die hun partner verloren hebben. We hebben goed contact met elkaar. Met de buurman ruil ik elke dag van krant. Dan krijgt hij begin van de middag van mij *BN De Stem* en ik van hem *Het Financieele Dagblad* en *de Volkskrant*, maar niet eerder dan dat hij de puzzel heeft gemaakt.’

Dat is flink wat leesvoer op een dag.
'Ook lees ik veel detectives en historische boeken, ik heb net een interessant boek over Napoleon uit. Dat was me er ook eentje, een landjepikker. Ik blijf graag op de hoogte van wat er in de wereld speelt, vooral van het financiële en het zakennieuws. Er zitten gemene bedrijven bij, zoals grote supermarkten die leveranciers uitzuigen. Bij aanbiedingen moet je opletten, want er zit altijd wel een addertje onder het gras. Het gaat tegenwoordig alleen nog maar om geld, geld, geld, om zo veel mogelijk te verdienen, soms ten koste van de gemeenschap. Dat was vroeger wel anders. Als je een eigen zaak had, zoals mijn man en ik, dan ging het er vooral om om anderen te helpen. En je wilde niet meer rekenen dan je toekwam. Dat zie je nu nauwelijks nog. De kleintjes hebben bijna geen kans op overleven meer.'

Doet u alleen boodschappen bij kleine winkels?
'Zo veel mogelijk: ik haal brood bij de bakker, vlees bij de slager en groente bij de groenteboer. Hier in de buurt heb je ook een kweker die aan huis verkoopt, dat is een goed initiatief want zo krijgt die een eerlijker prijs dan via de supermarkt, die kwekers tegen elkaar uitspeelt voor de laagste prijs. De supermarkt mijd ik zo veel mogelijk, met hun kaasafdeling zo groot als mijn huiskamer. Wat moet je dan kiezen?'

Wat voor een bedrijf heeft u gehad?
'Mijn man Jos was elektricien. Ik ontmoette hem in de carrousel op de kermis in Dongen. Het klikte meteen. Toen we tijdens de oorlog verkering kregen, vertelde hij algauw dat hij een eigen zaak wilde beginnen, en vroeg wat ik daarvan vond. Ik was direct enthousiast, dus hij wist dat hij bij mij aan het goede adres was. We deelden onze ondernemerszin. We besloten na ons huwelijk in 1944 een winkel te beginnen met klein elektraspul, zoals stekkers en snoeren. Ik bestierde de winkel, terwijl mijn man op pad ging voor reparaties en

de installatie van apparatuur. We begonnen in de voorkamer van het huis dat we na ons huwelijk huurden. In de beginjaren werd mijn man zelfs gebeld als de gloeilamp bij een boer stuk was. De mensen waren nog zo bang voor elektriciteit, dat ze niet zelf een nieuwe lamp durfden in te draaien. Na de oorlog begon de zaak steeds beter te lopen. Jos repareerde veel radio's die kapot uit de schuilplekken waren gekomen. In de winkel had ik aanvankelijk nog niet zo veel spullen, maar met de opkrabbelende economie en toenemende welvaart, kwamen de driekoppers – die elektrische scheerapparaten – en strijkijzers, centrifuges, wasmachines, koelkasten en televisies. Ons assortiment werd steeds uitgebreider en het werd drukker en drukker. Op een gegeven moment hadden we wel twaalf monteurs in dienst. We hadden het goed, maar hebben er altijd hard voor moeten werken.'

Bestierde u de winkel ook toen de kinderen kwamen?

'Natuurlijk. Ik heb altijd fulltime gewerkt. Heerlijk vond ik het, elke dag in de weer met klanten. Er was ook wel eens tegenwind, als een klant lastig was, zijn rekening niet betaalde, of er iets misging met de belastingaangifte. Maar grote tegenslagen hebben we nooit gehad.'

Een fulltime werkende moeder was bijzonder in die tijd, waarin een 'goede' moeder bij huis en haard hoorde te zijn.

'Je werd in die tijd niet eens aangenomen als je als vrouw met kinderen ging solliciteren. Met een eigen zaak kon je wel betaald werk doen. Ik had het in mij om ondernemer te zijn, ik ben pittig, een aanpakker. Mijn kinderen zijn niets tekortgekomen. De zondag was altijd voor het gezin en in de zomer gingen we twee weken kamperen, eerst in Zeeland en later in Frankrijk. Van ons drukke leven heb ik niks geen moeilijke kinderen gekregen. Alle vier waren ze vroeg zelfstandig en ze zijn allemaal goed terechtgekomen. We hebben ze geleerd flink te zijn.'

Hoe leerde u uw kinderen flink te zijn?

'Een keer gingen we met het hele gezin kamperen in Zuid-Frankrijk. We waren aan zee en het weer was zo slecht, dat we besloten naar Parijs te gaan. Onze oudste dochter had net haar rijbewijs. Mijn man zei tegen haar: "Ans, jij mag ons naar Parijs rijden." Hij gaf haar het vertrouwen. Ze is er een goede chauffeur van geworden.'

'Ik ben moe' mocht je nooit zeggen, vertelde uw jongste dochter.

'Nee, van vermoeidheid wil ik niks weten, tenzij er iets heel ernstigs is. Je moet altijd volhouden, doorgaan, niet opgeven. Denken 'ik kan niet meer' helpt niet.'

Kreeg u wel eens commentaar als werkende moeder?

'Nee. Waarom zou een vrouw geen betaald werk doen? Als ik vroeger als kind de buurvrouwen op straat met de armen over elkaar zag staan kletsen, dacht ik altijd: hebben jullie niks beters te doen?'

Kinderopvang of naschoolse opvang was er nog niet, hoe deed u dat?

'We woonden boven de winkel, dus ik kon een oogje in het zeil houden. De kinderen kwamen vaak langs en hielpen op een gegeven moment ook mee. Nu moet ik wel zeggen dat we een meisje in huis hadden. Nellie, heette ze. Haar vader was jong gestorven en als oudste dochter van het gezin met zeven kinderen moest zij de kost gaan verdienen. In die tijd was er nog geen steun van de overheid, hooguit wat van de kerk. Zodra ze trouwde mocht ze van haar man bij ons blijven werken totdat ze haar eerste kind zou baren. Maar zwanger werd ze niet, dus ze bleef.'

In wat voor een gezin bent u zelf opgegroeid?

'Een voor die tijd klein gezin, met twee kinderen, mijn broer en ik. Mijn ouders waren lieve, goede mensen. Vader werkte als ambtenaar voor de gemeente. Hij had altijd werk, armoede kenden wij niet. Die was er wel om ons heen, want de werkloosheid was groot in die tijd. Als ik met mijn moeder naar de markt ging, stonden mensen in lange rijen te wachten op steun. Twee keer per dag moesten ze stempelen om 8 gulden in de week te krijgen, vernederend. Ik weet nog dat werklozen als werkverschaffing een zwembad in Oosterhout moesten bouwen.'

'Mijn vader was een goed katholiek, bad voor het eten, ging zondags naar de kerk en las *de Volkskrant*, dat hoorde er toen bij. Er mocht geen kreukje in de krant komen. Voor mijn moeder was het geloof niet zo belangrijk. Ze was wat losser.'

En u, bent u gelovig?

'Het is verwaterd. Het grote geloven past niet meer in deze tijd, mensen willen kerkelijke leiders niet meer gehoorzamen. Die bemoeiden zich in mijn jeugd met de gezinnen: hoe meer kinderen hoe beter, want hoe meer katholieke zieltjes hoe groter en machtiger de kerk. De mensen zijn slimmer en zelfstandiger geworden, bepalen liever zelf wat ze doen. In de verte geloof ik nog wel dat er iets is, de natuur zal niet zomaar zijn opgekomen. Maar of God bestaat, is niet te bewijzen. Ik neem het niet meer zomaar aan, zoals vroeger. En om goed te zijn voor de medemens heb je de kerk niet nodig.'

Heeft u de digitalisering kunnen bijbenen?

'Ik heb een computer. Als ik een interessant artikel in de krant lees en er staat een verwijzing bij naar internet, dan tik ik wel eens www in, om meer informatie. Verder doe ik er niks mee. Mijn kinderen regelen mijn bankzaken op de computer, want ik ben bang een verkeerd knopje aan te raken. Ik zou eigenlijk wel zo'n ding willen waarmee je foto's kunt maken en versturen. Dat lijkt mij erg leuk, maar mijn kinderen zeggen dat het veel te ingewikkeld is voor mij.'

Dat valt wel mee. Er zijn meer 100-jarigen met een smartphone.
'O ja? Je zou zeggen dat als een kind van 12 jaar ermee overweg kan, ik het ook moet kunnen. Zal ik het toch doordrukken?'

‘Het gaat er niet om dat je aan het eind van je leven kunt zeggen: ik heb iets bijzonders gedaan. Waarom zou je?’

Jan van der Zouwen

GEBOREN: 1 oktober 1921 in Rotterdam

Of we op korte termijn een afspraak kunnen maken, want er wacht een cruisevakantie naar Noorwegen, met zijn vrouw en kinderen. Oud-stuurman Jan van der Zouwen heeft zelf vele zeeën bevaren en jaren met zijn gezin in Mexico en Colombia gewoond. Zijn blik op de wereld reikt nog steeds ver. Een gesprek met hem gaat geen minuut over ditjes en datjes. Liever filosofeert hij over het moderne leven en levert daarbij een flinke dosis maatschappijkritiek. Vaak voelt hij de aandrang een ingezonden brief te schrijven aan zijn ochtendkrant over een actuele kwestie waarover hij zich opwindt, maar dan laat hij het er toch maar bij zitten, ‘want wat voor zin heeft het?’ Van der Zouwen is niet alleen bijzonder omdat hij de leeftijd van 100 jaar heeft weten te bereiken, maar ook omdat hij nog samen is met zijn vrouw Elly, met wie hij al 71 jaar lief en leed deelt.

Waar vermaakt u zich nog mee?

‘Ik lees de krant, denk na, speel jazzliedjes op de piano, doe boodschappen met mijn vrouw, loop de trap op en neer voor wat beweging, onze kinderen en kleinkinderen komen regelmatig over de vloer, en ik knutsel nog graag. Boven heb ik een werkkamer waar ik een belangrijk deel van de dag doorbreng. Ik bouw poppenhuizen en modelschepen. Ik heb net een Turks vrachtschip afgemaakt, een model waar Atatürk nog op heeft gevaren. Er moet alleen nog een ankertje op. Modelschepen bouwen is precisiewerk. Er komt een hoop gepriegel bij kijken, zoals de touwtjes van de zeilen door gaatjes peuteren. Alle schepen waarop ik als stuurman heb gevaren, heb ik nagemaakt, en diverse mooie 17de-eeuwse schepen. Ook heb ik ons huis in miniatuur nagebouwd, met alle meubeltjes erin. Ik heb altijd wel een knutselwerk onder handen. Mijn vrouw heeft haar eigen hobbykamer, zij schildert veel, voornamelijk porselein.'

Heeft u een idee hoe u 100 jaar heeft kunnen worden?
'Dat is toeval. Ze zeggen dat het erfelijk is, maar niemand in mijn familie is ouder dan 85 jaar geworden. Ik heb er nooit iets speciaals voor gedaan, zoals fitness of andere sporten. Ik denk dat ik gewoon geluk heb gehad, ook dat ik nog samen ben met mijn vrouw. Als ik alleen was geweest, had ik er geen zin meer in gehad. Overigens heb ik helemaal niet het idee dat ik zo oud ben, ik kan nog doen wat ik wil. Wel noem ik mijzelf een stofzuiger met hulpstukken: 's avonds gaan de lenzen uit, het gebit en het gehoorapparaat. Ik heb alleen geen houten poot om af te doen.'

Hoe houd je een huwelijk 71 jaar goed?
'Liefdesgeluk moet groeien, door alles wat je samen meemaakt. Als je het lang goed kunt hebben met elkaar, is dat een gelukservaring. Dat had natuurlijk anders kunnen zijn, als Elly servies naar mijn hoofd had gegooid, maar dat is niet gebeurd. Als we op vakantie zijn en ik zie haar in de menigte staan, krijg ik een positief gevoel. Mijn liefde voor haar betreft haar karakter, hoe ze met onze kinderen en kleinkinderen omgaat. Ze is veel toeschietelijker en betrokkener dan ik. Een factor in ons lange huwelijk is dat we geen van beiden een explosief karakter hebben.'

Elly voegt toe: 'We zijn een beetje saai.' Daar is Jan het niet mee eens: 'Het lijkt saai, maar dat is het niet. Ik ben blij dat we geen ruzie maken, geen uitbundige feesttypes zijn en geen stel zijn dat de hele dag "ja, schat" tegen elkaar zegt. We hebben onze eigen bezigheden en doen ook veel samen, binnenkort gaan we met de kinderen een cruise maken. Heerlijk, een week op volle zee. In mijn tijd als stuurman stond ik het liefst op de brug, uitkijkend over de zee. Die rust gaf zo'n prettig gevoel.'

Hoe was het voor uw gezin dat u zo vaak op zee was?

'Meteen na de oorlog ben ik gaan varen voor de Koninklijke Rotterdamsche Lloyd. De eerste jaren was ik nog niet met Elly. Mijn eerste reis ging naar Australië, we waren vier maanden onderweg. In 1946 vervoerden we troepen naar Nederlands-Indië en we namen evacuées mee terug. Na de soevereiniteitsoverdracht van Indonesië repatrieerden we veel Nederlanders. Soms was ik wel 14 maanden onderweg. Tijdens een verlof heb ik Elly weer ontmoet. We zagen elkaar voor het eerst bij een evacuatie tijdens de Tweede Wereldoorlog, toen burgers uit Den Haag en omgeving in Holten werden ondergebracht. Zij was 13 jaar, ik een oude vent want acht jaar ouder. In 1950 zijn we getrouwd. Onze eerste dochter werd gelukkig geboren tijdens een verlof, de tweede toen ik op de Rode Zee voer. Varen klinkt romantisch, in een dikke jas achter het roer naar de golven kijken, maar het is niet altijd leuk. Je bent op een dag 12 à 14 uur in touw en moet ook in de nacht paraat zijn. Elly stond er thuis alleen voor. Ik wilde bij mijn gezin zijn, dat vond ik belangrijker. Dus ben ik gaan solliciteren bij Philips in Eindhoven. In de weekenden thuis zijn was beter dan 14 maanden op zee. In 1957 kregen we de kans voor Philips naar Mexico te verhuizen, daar is onze jongste dochter geboren. Daarna volgden nog twee jaar Colombia. Ik was verantwoordelijk voor de goederenstroom in de Philips-fabriek.'

Zijn er ontwikkelingen waar u zich nog druk om maakt?

'Inflatie. Die levert een structurele bijdrage aan de vergroting van de kloof tussen arm en rijk. Een prijsstijging is geen natuurproduct, maar wordt door mensen bedacht en dat vind ik immoreel. Waarom wordt toegestaan dat huizen een winstobject zijn en stelt de overheid geen prijzen vast voor woningen, een basisbehoefte van iedereen? Waarom moeten de energieprijzen stijgen als er zoals nu een tekort is aan gas en olie? Waarom berekenen bedrijven hogere kosten als vanzelfsprekend door aan de klant? Je kunt als overheid ook zeggen: iedereen moet een tijdje met minder toe, we verdelen eerlijk wat we hebben, zoals tijdens de Tweede Wereldoorlog en de paar jaren erna, toen iedereen vanwege de schaarste distributiebonnen kreeg. De wet van vraag en aanbod die nu heerst, is bedacht door economen en stamt nog uit de middeleeuwse handjeklapmarkt.'

'Hetzelfde verhaal geldt voor het personeelstekort. Bepaald werk willen Nederlanders niet meer doen, voor andere beroepen hebben we te weinig opgeleide mensen. Dan zeg ik: als we niet genoeg mensen en onderdelen hebben, dan kunnen sommige dingen niet meer en produceren we toch wat minder?'

'Dat we niet met minder denken te kunnen, is het gevolg van onze welvaart in het Westen, en de mentaliteit van rupsje-nooitgenoeg. Ik heb makkelijk praten op mijn leeftijd, ik hoef al die spullen niet, maar het gaat mij om de filosofie die erachter zit. We blijven maar doorhollen, in de wens naar meer, meer, meer. Ik denk dat we op een kruispunt staan. Of we komen tot inkeer en beseffen dat het niet draait om welvaartsgroei, of we putten de aarde nog verder uit.'

Wat vindt u het grootste onrecht?

'Dat er zó veel wetenschappelijke kennis en zó veel rijkdom is, maar dat die niet worden aangewend om de ongelijkheid in de wereld te verkleinen. Van het geld dat aan peperduur wetenschappelijk onderzoek in de ruimte wordt uitgegeven, zou in de Sahara voedsel kunnen worden verbouwd voor de armen in Afrika. Maar dat gebeurt niet. En dan verbazen we ons dat Afrikanen de Middellandse Zee oversteken om te delen in de heerlijke strooppotten in Europa. Ach, ik wilde hier eigenlijk niet meer over praten. Het is vechten tegen de bierkaai.'

'De Chinezen zijn overigens wel bezig om extreme rijkdom in eigen land aan banden te leggen. Een dictatoriale aanpak is soms nodig om heel grote problemen op te lossen. Al dat geschipper van onze regering maakt mensen ongedisciplineerd. Onder het mom van vrijheid accepteren burgers geen orders meer. Te veel vrijheden maken een land tot een gekkenhuis, want iedereen heeft zo zijn eigen wensen. Al dat eindeloze overleggen en scharrelen is de zwakte van ons democratische systeem. Daardoor worden grote problemen als klimaatverandering en woningschaarste onvoldoende aangepakt. Dit irriteert mij.'

Wat is volgens u het ideale politieke systeem?

'Het kapitalistische systeem met zijn vrije markt heeft duidelijk gefaald. Het ideale systeem is denk ik het communistische systeem, maar niet zoals dat tot nu toe in landen als de Sovjet-Unie, Cuba en Noord-Korea is vormgegeven. Het moet op een fatsoenlijke, humane manier. Ik vraag mij af of het lukt ons systeem terug te draaien. Wat wel kan is een sterkere rol van de overheid, die om te beginnen aan prijsbeheersing doet en de woningmarkt naar zich toetrekt.'

Heeft u de digitalisering kunnen bijbenen?

'Daar wil ik niet aan meedoen. We worden gerund door apparaten, dat doet afbreuk aan persoonlijk contact. Pas kreeg ik een brief: of ik de watermeterstanden op de computer wilde doorgeven. Ik pakte de telefoon, zei mijn leeftijd, en kon de meterstand zo mondeling doorgeven. Het kán dus wel. Maar vaak staat er helemaal geen telefoonnummer vermeld op zo'n formulier. Dat is symptomatisch voor deze maatschappij: menselijk contact wordt tot een minimum beperkt, want: efficiënt! DigiD weiger ik, mijn belastingformulier vul ik nog met de hand in. Een herhaalrecept indienen bij de apotheek kan nu alleen nog met DigiD. Dus vraag ik de huisarts meteen een paar recepten uit te schrijven. Incidenteel bestel ik wel iets op de computer, maar niet als ik er een account voor moet aanmaken. Ik vind het onredelijk dat mensen gedwongen worden voor al die accounts een waslijst aan wachtwoorden te onthouden. Handig voor het bedrijf, onhandig voor de consument. Als het is voor de beveiliging, is het systeem niet goed, denk ik dan.'

Wat maakt voor u het leven de moeite waard?

'Er zijn zoveel mensen bezig met de zin van het leven. Het gaat er niet om dat je aan het eind van je leven kunt zeggen: ik heb iets bijzonders gedaan, waarom zou je? We moeten naar mijn idee terug naar het besef dat we elementen zijn van de natuur. Ons vermogen tot nadenken en ontwikkeling brengt ons daar steeds verder vanaf. We zijn slaven geworden van de digitalisering, die het sociale leven ondermijnt. Het ontbreken van menselijke verbondenheid veroorzaakt een leeg gevoel.'

Wat is uw belangrijkste levensinzicht?

'De mens is onderdeel van de Schepping, meer niet. Doordat ons koppie toevallig meer kan dan andere levende wezens, zijn we dingen gaan doen die te ver gaan en zo hebben we de aarde en haar energiebronnen uitgeput. Over een paar duizend jaar wordt het voor het leven op aarde een kale boel. Ik weet niet of dat erg is, op is op. Ik maak wel eens het grapje: voor het voortbestaan van de aarde zou het goed zijn geweest als de evolutie bij de aap was gestopt.'

Nawoord

‘Een kwestie van geluk’ is de verklaring die de 100-jarigen zelf vaak geven voor het bereiken van hun hoge leeftijd. Een kwestie van genen, zeggen wetenschappers, in combinatie met inderdaad een dosis geluk. Een nuchtere en tevreden inborst, dus weinig stress, evenals een gezonde en (voorheen) actieve leefstijl lijkt alle eeuwelingen in deze bundel te kenmerken.

Ook sociale contacten kunnen bijdragen aan geestelijke vitaliteit. Wat dat betreft valt op dat menig 100-jarige in dit boek zich omringd weet door zorgzame kinderen, kleinkinderen of neven en nichten. Ze koesteren de eeuweling alsof de rollen van vroeger zijn omgedraaid. Al die familieleden en ook zorgmedewerkers die het mogelijk hebben gemaakt de 100-jarigen te interviewen en fotograferen, wil ik bedanken. De 100-jarigen zelf ben ik erkentelijk voor hun bereidheid hun levensverhaal te vertellen.

Ook dank aan de hoofdredactie van *de Volkskrant* voor de kans deze verhalen op te tekenen en mijn collega Peter de Greef voor de toegewijde eindredactie. Renée Deurloo van uitgeverij Spectrum ben ik dankbaar voor het omtoveren van losse levensverhalen in een bundel. Ongenoemd mogen ook niet blijven de *Volkskrant*-lezers die hun ouder, grootouder, tante, oom of vroegere schooljuf aandroegen voor een interview. En tot slot mijn dochter Renée, in alles een kritische meedenker en dierbare supporter.